New

쑥쑥
주니어
일본어

J PLUS
Language Publishing Co.

머리말

　이 책은 일본어를 처음 시작하는 학생들을 대상으로 일본어의 기초 지식을 일상생활에서 자주 쓰는 회화표현을 중심으로 삽화와 함께 재미있게 익힐 수 있도록 구성한 기초교재입니다.

　실생활에서 바로 쓸 수 있는 대화문과 일본인의 생활과 생각을 알 수 있는 문화이야기는 단순한 외국어로서의 일본어가 아니라, 일본이라는 나라에 대한 이해와 더불어 어떤 상황에서 어떤 말을 쓰는지 그 뉘앙스를 이해하는 데 적절한 요소가 될 것입니다.

　또한, 그 과에서 배워야 할 핵심내용과 단어들을 재미있는 삽화와 함께 딱딱한 문법설명보다는 반복적인 대화연습을 통하여 자연스럽게 익힐 수 있도록 곳곳에 연습코너가 들어 있는 것도 이 책의 특징이라 할 수 있습니다.

　부디 이 책이 일본어를 배우는 첫 기초를 다지는 데 도움이 되기를 바랍니다. 모든 학습이 그렇듯이 기초가 탄탄해야 흔들림없는 실력을 쌓을 수 있습니다.

기획편집부

이 책의 구성

🌸 본문대화

주인공 한지훈이 일본에 있는 소라의 집에 가서 일어나는 이야기를 대화로 엮은 것입니다. 음원의 발음을 듣고 따라 해보세요. 본문해석은 부록에 있습니다.

🌸 ポイント

그 과에서 꼭 익혀야 하는 학습내용입니다. 그림의 단어를 먼저 익히고 문형을 연습하는 것이 좋습니다.

🌸 練習問題

본문에서 익힌 문형과 어휘, 표현 등을 확인할 수 있습니다. 스티커 등으로 혼자서 재미있게 풀어볼 수도 있지만, 수업시간에 같이 하면 더욱 재미있습니다.

🌸 やってみよう

수업시간에 즐겁게 같이 할 수 있는 교실 활동입니다. 앞에서 배운 내용과 연결되어 회화표현을 정착시키고, 필요한 어휘나 추가 표현도 익힐 수 있습니다.

🌸 聞き取り

듣기문제입니다. 듣고 고르는 문제, 듣고 쓰는 문제, 위치표현, 시계 그리기 등, 알차고 재미있게 익힐 수 있도록 구성되어 있습니다.

🌸 文化

일본의 화폐도안에는 어떤 사람이 있는지, 남의 집을 방문하거나 식사를 대접받을 때는 어떻게 하는지 등 일본의 문화를 이해할 수 있는 코너입니다.

목차

ひらがな

あ 아	**い** 이	**う** 우	**え** 에	**お** 오
あい 사랑	いちご 딸기	うし 소	えんぴつ 연필	おばけ 귀신
か 카	**き** 키	**く** 쿠	**け** 케	**こ** 코
かばん 가방	き 나무	くり 밤	けしごむ 지우개	こま 팽이
さ 사	**し** 시	**す** 스	**せ** 세	**そ** 소
さかな 물고기	しか 사슴	すいか 수박	せみ 매미	そうじ 청소
た 타	**ち** 치	**つ** 츠	**て** 테	**と** 토
たまご 계란	ちきゅう 지구	つくえ 책상	て 손	とり 새
な 나	**に** 니	**ぬ** 누	**ね** 네	**の** 노
なし 배	にほん 일본	いぬ 개	ねこ 고양이	のこぎり 톱

は 하	ひ 히	ふ 후	へ 헤	ほ 호
はな 꽃	ひ 불	ふゆ 겨울	へそ 배꼽	ほし 별
ま 마	み 미	む 무	め 메	も 모
まつり 축제	みそ 된장	むし 벌레	まめ 콩	もみじ 단풍
や 야		ゆ 유		よ 요
やさい 야채		ゆき 눈		よる 밤
ら 라	り 리	る 루	れ 레	ろ 로
さくら 벚꽃	りんご 사과	さる 원숭이	れっしゃ 열차	ろうそく 양초
わ 와			を 오	ん 응
わたし 저/나			〈~을/를에 해당하는 말〉	みかん 귤

가타카나

ア 아	イ 이	ウ 우	エ 에	オ 오
アイスクリーム 아이스크림	バイク 오토바이	ウィスキー 위스키	エレベーター 엘리베이터	オムライス 오므라이스
カ 카	キ 키	ク 쿠	ケ 케	コ 코
カレー 카레	チキン 치킨	クッキー 쿠키	ケーキ 케이크	コンピューター 컴퓨터
サ 사	シ 시	ス 스	セ 세	ソ 소
サラダ 샐러드	シャツ 셔츠	スキー 스키	セール 세일	ソーセージ 소시지
タ 타	チ 치	ツ 츠	テ 테	ト 토
タクシー 택시	チョコレート 초콜릿	ツアー 투어	テニス 테니스	ポテト 감자튀김
ナ 나	ニ 니	ヌ 누	ネ 네	ノ 노
バナナ 바나나	ニット 니트	ヌード 누드	ネクタイ 넥타이	ノート 노트

ハ 하	ヒ 히	フ 후	ヘ 헤	ホ 호
ハンバーガー 햄버거	コーヒー 커피	フライパン 프라이팬	ヘリコプター 헬리콥터	ホテル 호텔
マ 마	ミ 미	ム 무	メ 메	モ 모
マーマレード 마멀레이드	ミルク 우유	ハム 햄	メロン 메론	モニター 모니터
ヤ 야		ユ 유		ヨ 요
ヤクルト 야쿠르트		ユーターン U턴		ヨット 요트
ラ 라	リ 리	ル 루	レ 레	ロ 로
ラーメン 라면	プリン 푸딩	ビール 맥주	レンジ 전자레인지	ロケット 로켓
ワ 와			ヲ 오	ン 응
ワイン 와인			〈거의 쓰이지 않음〉	パン 빵

글자익히기

청음 *히라가나는 동글동글하게, 가타카나는 약간 각지게 쓰면 예쁩니다.

글자익히기

청음

さ サ							

し シ							

す ス							

せ セ							

각지게

そ ツ							

た　タ

ち　チ

つ　ツ

て　テ

と　ト

글자익히기

청음

글자익히기

청음

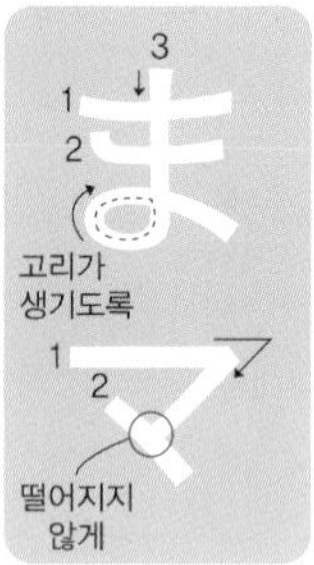

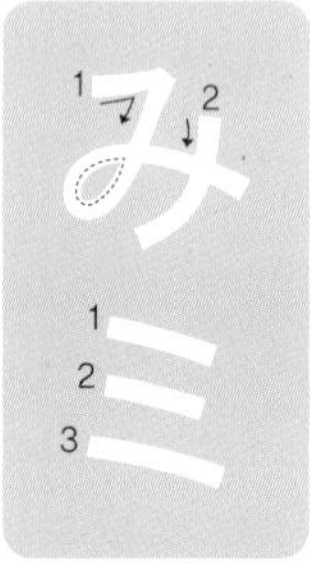

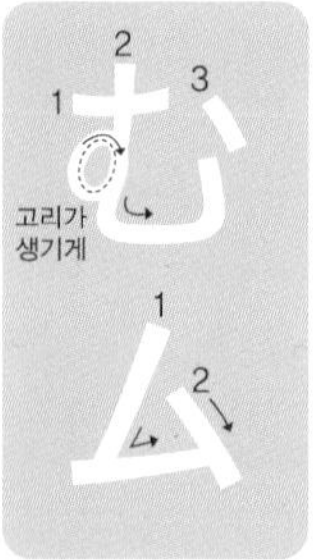

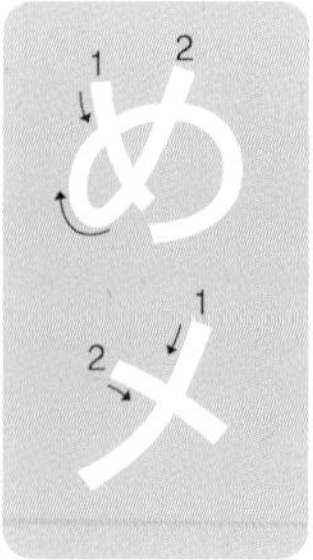

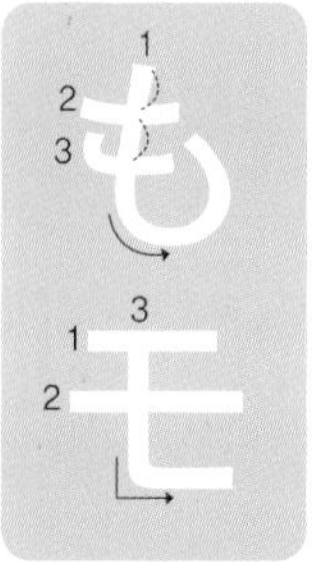

まマ
고리가
생기도록
떨어지지
않게

みミ

むム
고리가
생기게

めメ

もモ

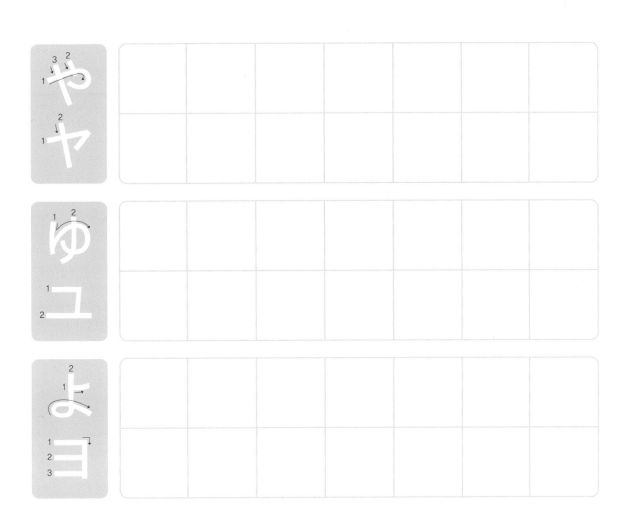

혼동하기 쉬운 글자

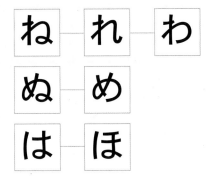

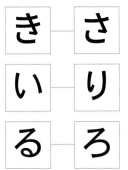

글자익히기

청음

らラ

りリ
길게

るル
고리

れレ

ろロ

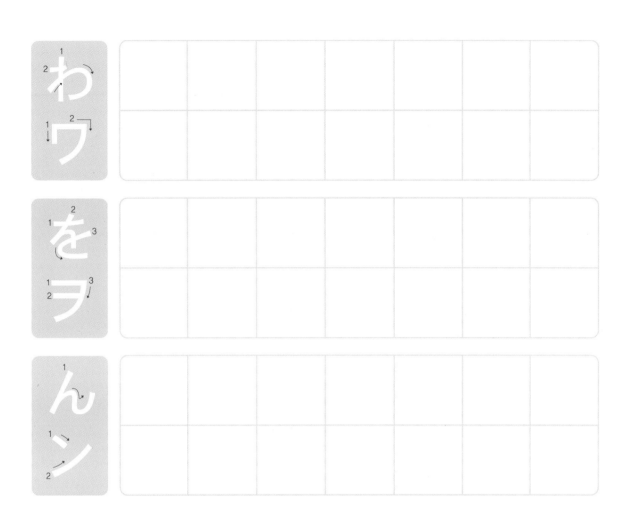

혼동하기 쉬운 글자

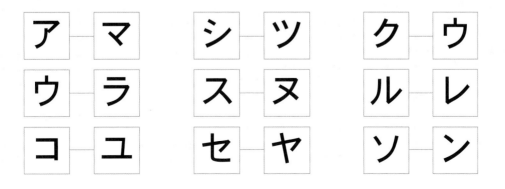

ア	マ	シ	ツ	ク	ウ
ウ	ラ	ス	ヌ	ル	レ
コ	ユ	セ	ヤ	ソ	ン

글자익히기

탁음 탁음은 글자 어깨에 탁점을 붙인 글자입니다. 글자를 쓰고 나서 탁점은 마지막에 붙입니다.

が ガ

ぎ ギ

ぐ グ

げ ゲ

ご ゴ

글자익히기

탁음

だ ダ

ぢ ヂ

づ ヅ

で デ

ど ド

글자익히기

반탁음 반탁음은 글자 어깨에 반탁점을 붙인 글자입니다.

발음연습

탁음 글자 어깨에 탁점이 붙은 글자입니다.

| 탁음 | がぎぐげご　ざじずぜぞ　だぢづでど　ばびぶべぼ |
| 반탁음 | ぱぴぷぺぽ |

がか 화가　　　　　　　めがね 안경　　　　　　でんき 전기, 전깃불
ざる 소쿠리　　　　　　ぶた 돼지　　　　　　　たんぽぽ 민들레

요음 [i]음이 나는 글자 [き し ち ぢ に ひ び ぴ み り]에 [や ゆ よ]를 작게 써서 붙인 것입니다. 발음할 때는 한 박자로 읽습니다.

きゃ　きゅ　きょ　　しゃ　しゅ　しょ　　ちゃ　ちゅ　ちょ
ぢゃ　ぢゅ　ぢょ　　にゃ　にゅ　にょ　　ひゃ　ひゅ　ひょ
ぴゃ　ぴゅ　ぴょ　　みゃ　みゅ　みょ　　りゃ　りゅ　りょ

でんしゃ 전차　　　　いしゃ 의사　　　　　びょういん 병원

촉음 [つ]를 작게 써서 붙이면 우리말의 [ㅅ]받침 역할을 합니다. 다음 발음을 비교해 보세요.

つしま 쓰시마(섬이름)　　　　　　　　　きって 우표
よつや 요츠야(지명)　　　　　　　　　よっつ 네 개

장음 앞 글자의 모음을 길게 하는 것인데 글자 하나의 박자를 살려 한 글자 만큼 길게 발음해야 합니다. 참고로 가타카나의 장음은 [ー]로 표기합니다.

おばあさん 할머니　　　おじいさん 할아버지　　　コーラ 콜라

ん 일본어에서 받침역할을 하는 글자는 「っ」와 「ん」 두 개가 있습니다. 「ん」은 뒤에 오는 글자에 따라 [m] [n] [ŋ] 세 가지로 발음됩니다.

さんぽ 산책　　　　　かんだ 칸다(지명)　　　りんご 사과
[sampo]　　　　　　 [kanda]　　　　　　　[liŋgo]

01 あいさつ 🎧04

1 그림과 어울리는 인사말을 골라 연결하세요.

❶

❷

❸

いただきます。

いってきます。

ありがとうございます。

おはようございます。

おやすみなさい。

2 바른 문장을 완성하세요.

❶ 아침 인사는 어떻게 할까요?

❷ 낮에 친구를 만났을 때는 뭐라고 할까요?

3 대화를 완성하세요.

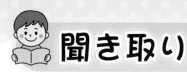

聞き取り

1 인사의 대답으로 적당한 것은 어느 것일까요?

❶ · ❷ · ❸ ·

· · ·

バイバイ。

だいじょうぶです。

おはよう。

2 발음을 잘 듣고 ☐ 안에 들어갈 말을 써 넣으세요.

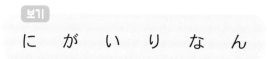

보기

に　が　い　り　な　ん

❶ こん ☐ ちは。　　❷ さよう ☐ ら。

❸ ☐ ってきます。　　❹ おかえ ☐ なさい。

❺ あり ☐ とうございます。　　❻ すみませ ☐ 。

文化

사과할 때와 권할 때는?

> だいじょうぶです。

> すみません。

「すみません。」은 '미안합니다', '죄송합니다'란 뜻으로 사과의 의미를 지니고 있습니다.

전철에서 발을 밟은 사람이 「すみません。」이라고 사과하자 상대편은 「だいじょうぶです。」 '괜찮습니다'라고 이에 응하고 있습니다.

「どうぞ。」는 자리를 양보하거나 다른 사람에게 어떤 행동을 권하거나 할 때 쓰는 표현입니다.

「どうも。」는 「どうも ありがとうございます。」의 줄임말로 '고맙습니다'라는 표현입니다. 이 때 고마움의 표시로 「すみません。」을 쓰기도 합니다.

「どうぞ。」와 「どうも。」는 짝으로 많이 쓰이는 표현입니다.

> どうぞ。

> どうも。

소라 집에서 홈스테이하기로 되어 있는 한국인 한지훈이 소라 집에 도착하여 서로 소개하는 장면입니다.

❸ そらさんは
ちゅうがくせいですか。

❹ はい。

❺ ハンさんは？

❻ わたしは
こうこうせいです。

·わたし 저, 나   ·ちゅうがくせい 중학생   ·こうこうせい 고등학생
·〜は[wa] 〜은/는(조사)   ·〜です 〜입니다

ポイント

🌸 **～は ～です** ～은/는 ～입니다

「～は」는 '～은/는'에 해당하는 말입니다. 원래 발음은 [하]이지만, 이처럼 조사로 쓰일 때는 [와]로 발음합니다.

자기소개를 해봅시다.

「～は ～です。」를 이용하여
자기소개를 해보세요.

せんせい

わたしは
そらです。
저는 소라입니다.

わたしは
＿＿です。
저는 ＿＿입니다.

みき

そら

ハン

たかし

ゆき

みな

❀ はい / いいえ 예 / 아니요

남자는 ぼく라고도 할 수 있습니다.

あなたは
ちゅうがくせいですか。

당신은 중학생인가요?

はい、わたしは
ちゅうがくせいです。

네, 저는 중학생입니다.

いいえ、
わたしは ちゅうがくせい
では ありません。

では를 じゃ라고도
합니다.

아뇨, 저는 중학생이 아닙니다.

＊여러 가지 직업

다음 그림에는 어떤 사람들이 있을까요?
오른쪽 단어를 보고 찾아보세요.

・～ですか	～입니까?
・～です	～입니다
・～では ありません	～이/가 아닙니다

 しょうぼうし 소방사

 かいしゃいん 회사원

 けいさつかん 경찰관

 しゅふ 주부

 ぎんこういん 은행원

 だいがくせい 대학생

 かんこくじん 한국인

 にほんじん 일본인

・**せんせい** 선생님
・**あなた** 당신, 너 (윗사람에게는 쓰지 않음)

練習問題

1 그림을 보고 빈칸에 들어갈 알맞은 말을 넣어 문장을 완성하세요.

> 보기 わたし　は　あなた　では　ちゅうがくせい　かいしゃいん

❶ わたし_____
ハン ジフンです。
저는 한지훈입니다.

❷ わたしは
_____です。
저는 중학생입니다.

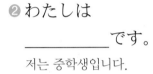

❸ わたしは
しゅふ_____ ありません。
저는 주부가 아닙니다.

2 예 와 같이 괄호에 들어갈 말을 써 넣으세요.

예 A : こうこうせいですか。
　 B : (いいえ)、 こうこうせいでは ありません。
　　　 ちゅうがくせいです。

❶ A : けいさつですか。
　 B : (　　　　　)、 けいさつではありません。
　　　 しょうぼうしです。

❷ A : にほんじんですか。
　 B : (　　　　　)、 にほんじんです。

3 다음 그림을 보면서 예 와 같이 묻고 답하세요.

02

パク
けいさつ

イ
しょうぼうし

キム
ぎんこういん

たなか
こうこうせい

すずき
せんせい

たかはし
しゅふ

わたなべ
だいがくせい

さとう
ちゅうがくせい

예 たなかさんは こうこうせいですか。
はい、こうこうせいです。

① イさんは せんせいですか。
＿＿＿＿、＿＿＿＿＿＿＿では
ありません。

② たかはしさんは しゅふですか。
＿＿＿＿、＿＿＿＿＿＿＿です。

やってみよう

🌸 숫자 0~10까지 익혀봅시다.

ゼロ / れい

いち

に

さん

よん / し

ご

ろく

なな / しち

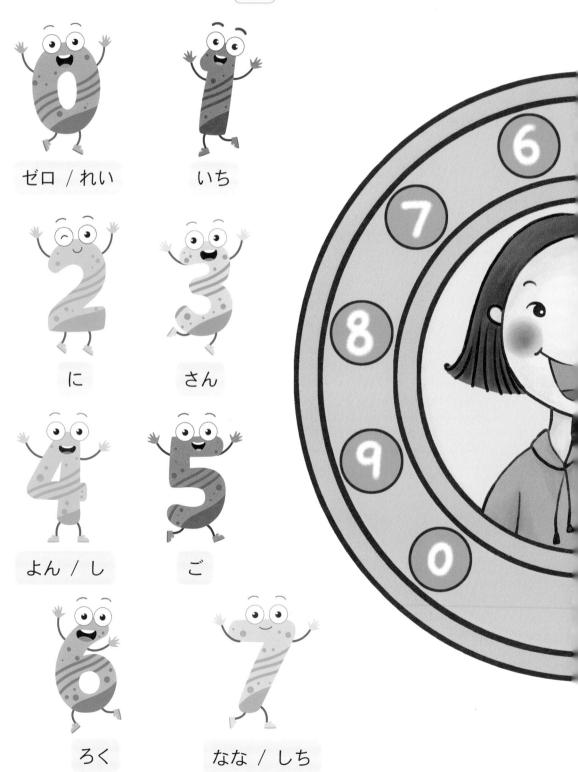

はち

きゅう / く

じゅう

1 다음 전화번호를 읽어볼까요?

예) 332-8320
さんさんにの はちさんにれい

❶ 721-5439

❷ 3080-1046

❸ 001-82-6548-7943

※ 전화번호를 읽을 때 -는 「の」(~의)라고
읽습니다.

※ 전화번호의 2, 5, 9의 경우 약간 길게
발음합니다. さんさんにーの はちさんに
ーれい

2 친구들과 서로 전화번호를 묻고 답하세요.

> でんわばんごうは
> なんばんですか。

· でんわばんごう 전화번호
· なんばんですか 몇 번이에요?

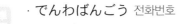

はじめまして 39

聞き取り

1 잘 듣고 서로 해당하는 것끼리 바르게 이으세요.

イさん　　　　　そらさん　　　　たなかさん　　　　ハンさん

❶　　　　　　　❷　　　　　　　❸　　　　　　　❹
•　　　　　　　•　　　　　　　•　　　　　　　•

•　　　　　　　•　　　　　　　•　　　　　　　•
ⓐ　　　　　　　ⓑ　　　　　　　ⓒ　　　　　　　ⓓ

こうこうせい　　ちゅうがくせい　　だいがくせい　　かんこくじん

2 잘 듣고 일치하는 그림을 고르세요.

일본의 설

설은 일본어로 '오쇼가츠(お正月)'라고 합니다. '오쇼가츠(お正月)'는 신년을 축하하는 기간을 가리키는 말이고 특히 새해 1월 1일은 '간지츠(元日)' 또는 '간탄(元旦)'이라고 부릅니다. 일본에서는 음력 설이 없기 때문에 이 간지츠가 연중 가장 큰 명절로 꼽힙니다.

일본은 설날의 하루 전날인 12월 31일 밤에 소바(메밀국수)를 먹으며 새해를 맞이하는 풍습이 있습니다. 이 메밀국수를 '도시코시소바(年越しそば)'라고 하는데, 건강하게 장수하라는 의미의 소바를 가족들과 함께 둘러앉아 먹으며 밝아오는 새해를 맞이합니다.

새해 아침에는 신사나 절을 찾아가 신과 부처에 참배하고 자신과 가족의 건강과 행운을 기원하는 '하쯔모데(初詣で)'를 합니다. 참배하고 나면 '오미쿠지(おみくじ:제비뽑기)'로 한 해 동안의 자신의 운세를 미리 점쳐보기도 하고, 또는 가까운 친척 집을 방문하여 새해 인사를 나누기도 합니다.

오쇼가츠 때 쉽게 볼 수 있는 것이 '가도마츠(門松)'라고 하는 장식인데, 소나무로 만든 장식으로 대문 밖에 양옆으로 세워 둡니다. 이것은 신을 집으로 맞이하기 위해 장식한 것에서 유래된 것으로 신년행사 중 빼놓지 않고 하는 일 중 하나입니다.

소라 방에 온 두 사람, 벽에 걸려 있는 기모노를 본 한상이 소라에게 묻습니다.

03

❸ だれの
きものですか。

❹ わたしの
きものです。

❺ それも、
そらさんのですか。

❻ はい。これも
わたしのです。

· これ 이것　　· なんですか 무엇입니까?　　· それ 그것　　· きもの 일본의 전통 의상
· だれ 누구　　· ～の ～의, ～의 것　　· ～も ～도

ポイント

🌸 **これは なんですか。** 이것은 무엇입니까?

- めがね 안경
- けいたいでんわ 휴대폰
- とけい 시계

✿ これは だれのですか。 이것은 누구의 것입니까?

これは だれのですか。
이건 누구 거예요?

これは キムさんのです。
이건 김상 거예요.

주인을 찾아주세요

「の」는 '~의'란 뜻도 있고
'~의 것'이란 뜻도 있습니다.

わたしの ほんです。 나의 책입니다.
→ わたしのです。 내 거예요.

암기노트

これ	それ	あれ	どれ
이것	그것	저것	어느것

※그림의 물건을 책상 위에 꺼내놓고 묻고 답하세요.

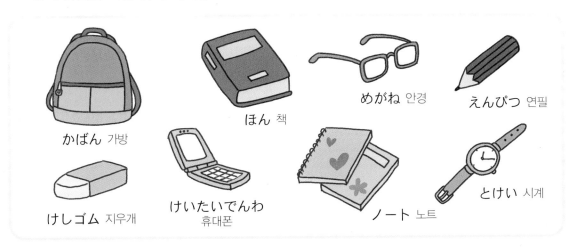

かばん 가방

ほん 책

めがね 안경

えんぴつ 연필

けしゴム 지우개

けいたいでんわ
휴대폰

ノート 노트

とけい 시계

A : これは だれのですか。 이것은 누구 거예요?

B : それは ＿＿＿ さんのです。 그것은 ＿＿＿ 거예요.

A : これは だれの ほんですか。 이것은 누구 책입니까?

B : それは ＿＿＿ さんの ほんです。 그것은 ＿＿＿ 의 책입니다.

練習問題

1 그림을 보면서 답하세요.

2 그림을 보고 예와 같이 묻고 답하세요.

みんなの さくひん 여러분의 작품

みき
すずき
さとう
わたなべ
ゆみ
たかはし

예 これは
だれの えですか。

それは ゆみさんの えです。
それは ゆみさんのです。

❶ ❷ ❸

 え
그림

やってみよう

1 어느 나라 국기일까요? 빈칸에 나라 이름을 넣어 묻고 답하세요.

❶
にほんの こっきは
どれですか。

❷
ちゅうごくの こっきは
どれですか。

❸
アメリカの こっきは
どれですか。

ⓐ
_____の こっきは
これです。

ⓑ
_____の こっきは
これです。

ⓒ
_____の こっきは
これです。

 こっき
国기

 にほん
일본

ちゅうごく
중국

 アメリカ
미국

2 다음과 같이 묻고 답하세요.

1 잘 듣고 누구의 것인지 골라 스티커를 붙여보세요. 🎧 **14**

そら

ハン

2 잘 듣고 내용과 일치하면 ○, 틀리면 ✕를 하세요.

❶ ❷ ❸

3 잘 듣고 빈칸에 들어갈 글자를 써 넣으세요.

❶ ノー□

❷ えん□つ

❸ か□ん

うたってみよう

じゅうにんの インディアン

1. ひ と り ふ た り さ ん に ん いる よ
2. じゅう に ん きゅう に ん はち に ん いる よ

よ に ん ご に ん ろく に ん いる よ
しち に ん ろく に ん ご に ん いる よ

し ち に ん はち に ん きゅう に ん いる よ
よ ー に ん さん に ん ふ た り いる よ

じゅう にんの インディ アン ボーイズ
ひと りの インディ アン ボーイズ

열 꼬마 인디언

1. 한 꼬마 두 꼬마 세 꼬마 인디언
   네 꼬마 다섯 꼬마 여섯 꼬마 인디언
   일곱 꼬마 여덟 꼬마 아홉 꼬마 인디언
   열 꼬마 인디언 보이
2. 열 꼬마 아홉 꼬마 여덟 꼬마 인디언
   일곱 꼬마 여섯 꼬마 다섯 꼬마 인디언
   네 꼬마 세 꼬마 두 꼬마 인디언
   한 꼬마 인디언 보이

소라가 다니는 학교에 온 두 사람. 소라의 교실이 어디에 있는지 묻다가 갑자기 화장실에 가고 싶어진 한상.

・ここ 여기   ・～が ～이/가   ・がっこう 학교   ・きょうしつ 교실   ・どこ 어디
・あそこ 저기   ・では 그럼   ・トイレ 화장실   ・～かい ～층

ポイント

✿ ここは なんですか。 여기는 뭐예요?   〈ここ・そこ・あそこ・どこ〉

🌸 なんがいですか。 몇 층이에요?

그림의 단어를 이용하여 몇 층인지 묻고 답하세요.

おんがくしつ 음악실 — 5かい

としょかん 도서관 — 4かい

ばいてん 매점 — 3がい

おんがくしつは なんがいですか。
음악실은 몇 층이에요?

おんがくしつは 5かいです。
음악실은 5층이에요.

トイレ 화장실

きょうしつ 교실 — 2かい

しょくどう 식당 — 1かい

※〜かい (〜층)층수를 나타내는 말
- 1층 いっかい
- 2층 にかい
- 3층 さんがい(さんかい)
- 4층 よんかい
- 5층 ごかい
- 6층 ろっかい
- 7층 ななかい
- 8층 はちかい
- 9층 きゅうかい
- 10층 じゅっかい

✿「ここは なんですか。」와「ここは どこですか。」

「ここは なんですか。」는 "여기는 뭐예요?"라는 뜻으로 뭐 하는 곳이냐고 묻는 말이고,
「ここは どこですか。」는 "여기는 어디예요?"라는 뜻으로 둘 다 비슷하게 쓰이는
표현입니다. "~는 어디에 있어요?" 하고 물을 때는「~は どこですか。」라고 합니다.

A : ここは なんですか。

여기는 뭐예요? (뭐 하는 곳이에요?)

B : ここは きょうしつです。

여기는 교실이에요.

A : しょくどうは どこですか。

식당은 어디예요? (어디에 있어요?)

B : しょくどうは あそこです。

식당은 저기예요.

練習問題

1 다음 그림을 보면서 질문에 대답하세요. (소라상과 한상의 위치를 보면서 대답하세요.)

04

❶ たいいくかんは どこですか。

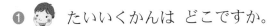
                  。

❷ しょくどうは どこですか。

                  。

❸ きょうしつは 2かいですか。

_____。

❹ としょかんは なんがいですか。

_____。

たいいくかん
체육관 (실제로는 たいく
かん으로 발음됩니다.)

ようごしつ
양호실

やってみよう

🌸 그림을 보면서 다음 단어를 이용하여 묻고 답하세요.

·しょうぼうしょ 소방서	·デパート 백화점	·けいさつしょ 경찰서
·えき 역	·こうえん 공원	·びょういん 병원

聞き取り

1 잘 듣고 각 층에 무엇이 있는지 스티커를 붙이세요.

	しょくどう 식당
	おんがくしつ 음악실
	としょかん 도서관
	ばいてん 매점
	きょうしつ 교실

2 대화를 잘 듣고 올바른 것을 고르세요.

❶ ⓐ ⓑ

❷ ⓐ ⓑ

ぎんこう
은행

❸ ⓐ ⓑ

❹ ⓐ ⓑ

어머니께 드릴 선물을 사려고 백화점에 온 한상. 어떤 물건을 샀을까요?

❹ それは
せんごひゃく
1,500えんです。

❸ では、この かばんは
いくらですか。

❻ にほんのですよ。

❺ どこのですか。

❼ では、
これを ください。

❽ かしこまりました。

・いくらですか 얼마예요?　・えん 엔　　　・この 이　　　・どこの 어디 것
・～を ～을/를　　　・ください 주세요　・かしこまりました 알겠습니다

 **ポイント**

🌸 **いくらですか。** 얼마예요?

금액을 묻는 말입니다. 일본의 화폐 단위는 円(えん)입니다.

🌸 **どこのですか。** 어디 거예요?

「どこ(어디) + の(것)」로 '어디 물건'이란 뜻입니다. 어느 나라, 혹은 어느 회사 제품이냐고 묻는 말입니다.

A : この ゆびわは いくらですか。　　이 반지는 얼마예요?

B : 5,000えんです。　　5,000엔입니다.

A : どこのですか。　　어디 거예요?

B : かんこくのです。　　한국 거예요.

🌸 금액 익히기

十	百	千
10 じゅう	100 ひゃく	1000 せん
20 にじゅう	200 にひゃく	2000 にせん
30 さんじゅう	300 さんびゃく	3000 さんぜん
40 よんじゅう	400 よんひゃく	4000 よんせん
50 ごじゅう	500 ごひゃく	5000 ごせん
60 ろくじゅう	600 ろっぴゃく	6000 ろくせん
70 ななじゅう	700 ななひゃく	7000 ななせん
80 はちじゅう	800 はっぴゃく	8000 はっせん
90 きゅうじゅう	900 きゅうひゃく	9000 きゅうせん

① 450 ： よんひゃくごじゅう　　② 860 ： はっぴゃくろくじゅう

③ 3500 ： さんぜんごひゃく　　④ 4900 ： よんせんきゅうひゃく

05

※ 다음 질문에 답하세요.

1 いくらですか。

① _____えんです。　② _____えんです。　③ _____えんです。

2 どこのですか。

 にほん　　 ちゅうごく　　 アメリカ

① _____のです。　② _____のです。　③ _____のです。

 スイス 스위스　　 にほん 일본　　 アメリカ 미국

 かんこく 한국　　 フランス 프랑스　　 くつ 구두

 サングラス 선글라스　　 ゆびわ 반지　　 ネクタイ 넥타이

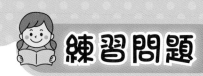

練習問題

1 그림을 보면서 ⑩와 같이 연습해보세요.

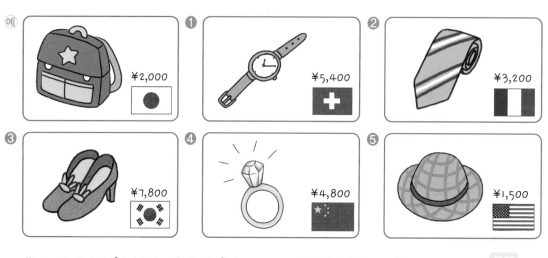

⑩ ¥2,000

① ¥5,400

② ¥3,200

③ ¥7,800

④ ¥4,800

⑤ ¥1,500

⑩ A : このかばんは いくらですか。　　B : 2,000えんです。

　A : どこのですか。　　　　　　　B : にほんのです。

　A : では、これを ください。

ぼうし
모자

2 골인을 해봅시다. 바른 것을 선택하여 그 길을 따라가면 완성!

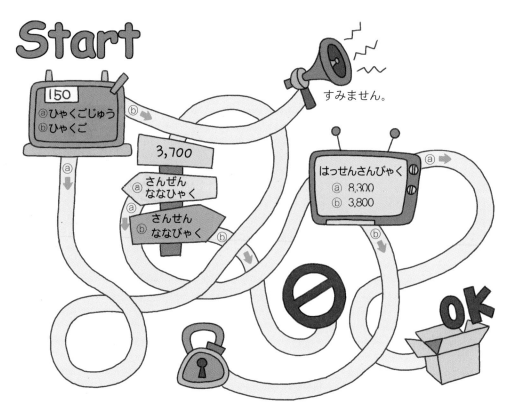

Start

150
ⓐ ひゃくごじゅう
ⓑ ひゃくご

すみません。

3,700

ⓐ さんぜん
ななひゃく

ⓐ さんせん
ⓑ ななびゃく

はっせんさんびゃく
ⓐ 8,300
ⓑ 3,800

OK

やってみよう

🌼 색깔 이름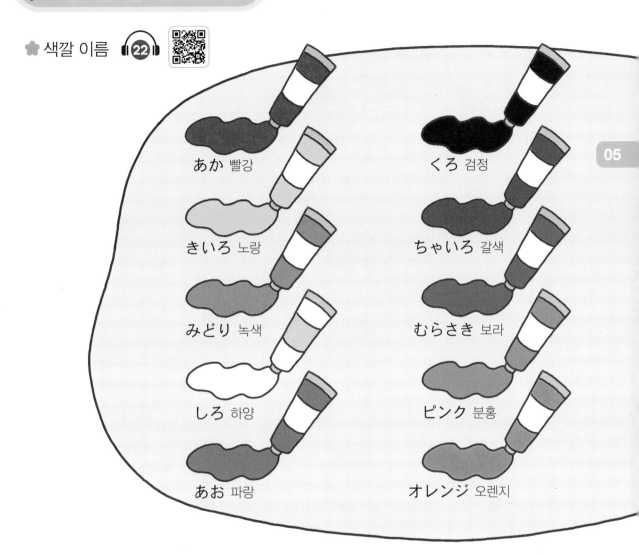

あか 빨강

くろ 검정

きいろ 노랑

ちゃいろ 갈색

みどり 녹색

むらさき 보라

しろ 하양

ピンク 분홍

あお 파랑

オレンジ 오렌지

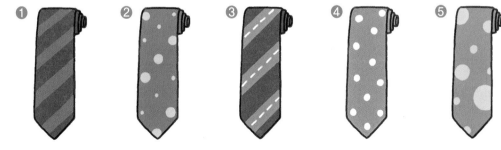

❶ ❷ ❸ ❹ ❺

ⓐ あかと みどりの ネクタイは なんばんですか。

ⓑ しろと オレンジの ネクタイは なんばんですか。

ⓒ あおと きいろの ネクタイは なんばんですか。

ⓓ あかと むらさきの ネクタイは なんばんですか。

・〜と
　〜와/과

・なんばんですか
　몇 번이에요?

聞き取り

1 대화를 듣고 빈칸에 알맞은 숫자를 써 넣으세요.

❶ ¥ ☐☐☐

❷ ¥ ☐☐☐☐

❸ ¥ ☐☐☐☐

2 대화를 잘 듣고 알맞은 것을 고르세요.

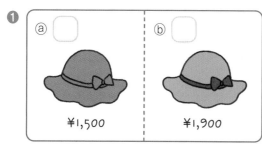

❶ ⓐ ☐ ⓑ ☐
¥1,500   ¥1,900

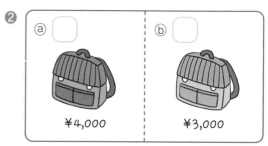

❷ ⓐ ☐ ⓑ ☐
¥4,000   ¥3,000

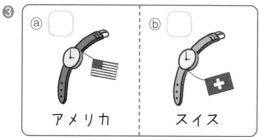

❸ ⓐ ☐ ⓑ ☐
アメリカ   スイス

❹ ⓐ ☐ ⓑ ☐
¥1,500   ¥1,500

3 소라가 쇼핑한 물건을 모두 골라 가방에 붙여보세요.

にんぎょう 인형

文化

일본의 화폐

일본의 화폐는 화폐와 동전 모두 합하여 약 10가지가 쓰이고 있습니다. 일본의 화폐에는 교육자나 소설가, 과학자들이 등장하는데, 일본 화폐 속의 인물들은 다음과 같습니다.

いちまんえん 만엔

ごせんえん 오천엔

にせんえん 이천엔

せんえん 천엔

ごひゃくえん
오백엔

ひゃくえん
백엔

ごじゅうえん
오십엔

じゅうえん
십엔

ごえん
오엔

いちえん
일엔

10000엔 후쿠자와 유키치. 메이지(明治)시대의 계몽사상가 및 교육가로서 케이오 대학의 창립자로 유명합니다.

5000엔 히구치 이치요. 가인(歌人)·소설가. 대표적인 작품으로 「다케쿠라베」, 「니고리에」 등이 있습니다.

2000엔 2000년에 발행된 지폐인데, 그다지 많이 쓰이진 않습니다. 뒷면에는 세계적 유명한 고전 「겐지모노가타리(源氏物語)」의 한 장면과 그 책을 쓴 「무라사키 시키부(紫式部)」의 얼굴이 그려져 있습니다.

1000엔 노구치 히데요. 세균학자. 24살에 미국으로 건너가 독사 연구를 비롯하여 여러 분야의 연구를 성공시켰습니다. 그중에서도 당시 치료가 어려웠던 병균의 배양으로 세계적으로 명성을 얻었으나 아프리카에서 전염병으로 세상을 떠났습니다.

소라가 점원에게 대여기간을 확인하고 있습니다.

- いま 지금
- ビデオ 비디오
- なんじ 몇 시
- あした 내일
- 5じ 5시
- ～まで ～까지

ポイント

✿ いま なんじですか? 지금 몇 시예요?

1시~12시까지 다음 시계를 읽어보세요.

30분은 「さんじゅっぷん」 또는 「はん」(반)이라고 하고, 정각은 「ちょうど」라고 합니다.

> いま なんじですか?
> 지금 몇 시예요?

> 6じです。
> 6시예요.

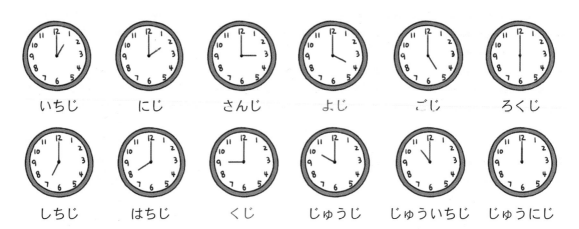

いちじ	にじ	さんじ	よじ	ごじ	ろくじ

しちじ	はちじ	くじ	じゅうじ	じゅういちじ	じゅうにじ

🌸 ようび 요일

요일은 「ようび」라고 합니다.
무슨 요일이냐고 물을 때는 「なんようびですか。」라고 합니다.

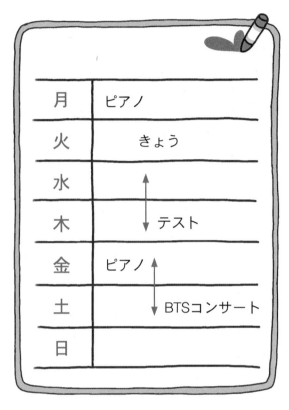

 きょうは なんようびですか。
오늘은 무슨 요일이에요?

 きょうは かようびです。
오늘은 화요일이에요.

A : テストは なんようびから なんようび
までですか。
시험은 무슨 요일부터 무슨 요일까지예요?

B : すいようびから もくようびまでです。
수요일부터 목요일까지예요.

A : ピアノは なんようびと なんようびで
すか。
피아노는 무슨 요일과 무슨 요일이에요?

B : ＿＿＿＿＿＿＿＿＿＿＿＿＿＿＿＿＿＿＿。

月 げつようび	월요일	おととい	그저께
火 かようび	화요일	きのう	어제
水 すいようび	수요일	きょう	오늘
木 もくようび	목요일	あした	내일
金 きんようび	금요일	あさって	모레
土 どようび	토요일	〜から	〜부터
日 にちようび	일요일	〜まで	〜까지

 ピアノ
피아노

 テスト
시험

 コンサート
콘서트

1 다음 시계를 보고 몇 시인지 히라가나로 쓰세요.

❶

❷

❸

❹

❺

❻

2 문장을 읽고 시계를 그려보세요.

❶

はちじです。

❷

よじです。

❸

くじ はんです。

3 빈칸에 알맞은 단어를 쓰세요.

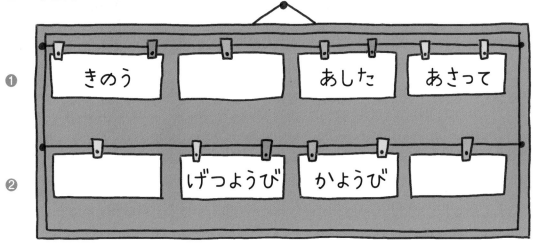

❶ きのう 　 あした あさって

❷ 　 げつようび かようび 　

4 내용에 맞게 시계를 붙여보세요.

09:00~13:00

14:00~15:00

16:00~17:00
My name is sora

18:00~19:00

がっこうは 　　 じから 　　 じまでです。

ピアノは 　　 じから 　　 じまでです。

　　 じから 　　 じまでは えいごの じゅくです。

　　 じから テコンドーです。

えいごの じゅく
영어학원

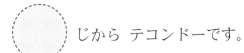

テコンドー
태권도

聞き取り

1 몇 시부터 몇 시까지인지 잘 듣고 바르게 그려보세요.

① は から までです。

② は から までです。

③ は から までです。

④ は から までです。

ゆうびんきょく
우체국

2 대화를 듣고 알맞은 것끼리 선으로 이으세요.

❶ ❷ ❸

ⓐ ⓑ ⓒ

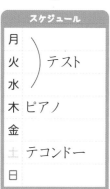

スケジュール

月	) テスト
火	
水	
木	ピアノ
金	
土	テコンドー
日	

スケジュール

月	テコンドー
火	
水	) テスト
木	
金	
土	
日	ピアノ

スケジュール

月	ピアノ
火	
水	テコンドー
木	
金	ピアノ
土	
日	

うたって みよう

てを たたきましょう

1. て を たた きま しょう タン タン タン タン タン タン
2. て を たた きま しょう タン タン タン タン タン タン
3. て を たた きま しょう タン タン タン タン タン タン

あし ぶみ し ま しょう タン タン タン タン タン タン タン
あし ぶみ し ま しょう タン タン タン タン タン タン タン
あし ぶみ し ま しょう タン タン タン タン タン タン タン

わらい ましょう アッ ハッ ハ わ らい ましょう アッ ハッ ハ
おこり ましょう ウン ウン ウン お こり ましょう ウン ウン ウン
なき ましょう エン エン エン な き ましょう エン エン エン

アッ ハッ ハ アッ ハッ ハ あ あ お も し ろ いい
ウン ウン ウン ウン ウン ウン あ あ お も し ろ いい
エン エン エン エン エン エン あ あ お も し ろ いい

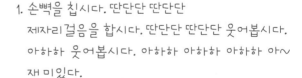

손뼉을 칩시다.

1. 손뼉을 칩시다. 딴단단 딴단단
   제자리걸음을 합시다. 딴단단 딴단단 웃어봅시다.
   아하하 웃어봅시다. 아하하 아하하 아하하 아~
   재미있다.

2. 손뼉을 칩시다. 딴단단 딴단단
   제자리걸음을 합시다. 딴단단 딴단단
   화를 내봅시다. 응응응 화를 내봅시다. 응응응
   응응응 응응응 아~ 재미있다.

3. 손뼉을 칩시다. 딴단단 딴단단
   제자리걸음을 합시다. 딴단단 딴단단
   울어봅시다. 엥엥엥 울어봅시다. 엥엥엥
   엥엥엥 엥엥엥 아~ 재미있다.

아주 더운 날씨에 길을 걷고 있는 두 사람. 기후에 대해 묻고 있습니다.

・とうきょう 도쿄(일본의 수도) ・あつい 덥다 ・ソウル 서울 ・こんなに 이렇게
・ええ 예, 네 ・ふゆ 겨울 ・どうですか 어떻습니까? ・~より ~보다 ・さむい 춥다

ポイント

🌸 자주 쓰는 イ형용사 🎧 29

イ형용사란 끝이 「い」로 끝나는 형용사를 말합니다.
자주 쓰는 イ형용사와 그 반대말을 익혀봅시다.

① あかるい 밝다
　くらい 어둡다
② おおきい 크다
　ちいさい 작다
③ ながい 길다
　みじかい 짧다
④ おおい 많다
　すくない 적다
⑤ ひろい 넓다
　せまい 좁다
⑥ はやい 빠르다
　おそい 느리다
⑦ あたらしい 새롭다
　ふるい 오래되다
⑧ ふとい 굵다
　ほそい 가늘다
⑨ いい 좋다
　わるい 나쁘다
⑩ おもい 무겁다
　かるい 가볍다
⑪ あつい 두껍다
　うすい 얇다
⑫ たかい (키가)크다/높다
　ひくい (키가)작다/낮다
⑬ たかい 비싸다
　やすい 싸다
⑭ うれしい 기쁘다
　かなしい 슬프다
⑮ あたたかい 따뜻하다
　あつい 덥다
　すずしい 시원하다
　さむい 춥다

ふるい

⑦ あたらしい

ほそい

⑧ ふとい

せまい　⑤ ひろい

⑫ たかい

ひくい

② おおきい

うすい

⑭ うれしい

かなしい

⑮ あたたかい
あつい
すずしい
さむい

🌸 イ형용사

긍정형	あかるい	➡	あかるいです
	밝다		밝습니다
부정형	あかるい	➡	あかるくありません
	밝다		밝지 않습니다
※ 주의	いい	➡	よくありません
	좋다		좋지 않습니다

07

⑥ はやい

おそい

わるい

⑨ いい

ちいさい

① あかるい

⑬ たかい

やすい

くらい

⑪ あつい

みじかい

③ ながい

⑩ おもい

④ おおい

すくない

かるい

 練習問題

1 예와 같이 만들어봅시다.

예

そらさんは せが ひくいです。　　　소라는 키가 작습니다.

→ そらさんは せが たかくありません。 소라는 키가 크지 않습니다.

みじかい　ひろい　ふるい　あたらしい　やすい　ながい

❶

この きょうしつは _____ です。

→ この きょうしつは せまくありません。

❷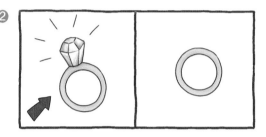

この ゆびわは ___たかい___ です。

→ _____。

❸

この とけいは _____ です。

→ _____。

❹

この えんぴつは _____ です。

→ _____。

2 예와 같이 문장을 완성해보세요.

예

A : この デパートは ふるいですか。（いいえ）

B : いいえ、ふるくありません。

1 A：ともだちは おおいですか。（はい）

B： _____。

・ともだち
友구

・いえ
집

・かみ
머리카락

2 A：この いえは ひろいですか。（いいえ）

B： _____。

3 A：せんせいの かみは ながいですか。（いいえ）

B： _____。

3 빈칸에 그림과 어울리는 형용사를 쓰고, 반대되는 형용사를 찾아 선으로 이으세요.

1
せまい

2

3

4

5

ⓐ うすい

ⓑ あたらしい

ⓒ おおきい

ⓓ あかるい

ⓔ ひろい

やってみよう

🌸 신체 명칭

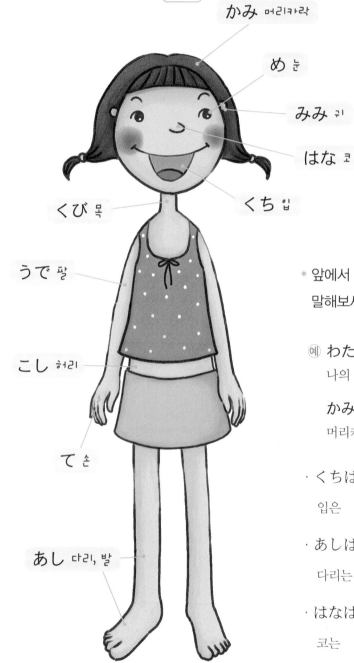

かみ 머리카락

め 눈

みみ 귀

はな 코

くち 입

くび 목

うで 팔

こし 허리

て 손

あし 다리, 발

* 앞에서 배운 단어를 이용하여 다음과 같이 말해보세요.

예) **わたしの めは おおきいです。**
나의 눈은 큽니다.

かみは みじかいです。
머리카락은 짧습니다.

· くちは ＿＿＿＿＿＿＿＿。
　입은　　＿＿＿＿＿＿＿＿.

· あしは ＿＿＿＿＿＿＿＿。
　다리는　＿＿＿＿＿＿＿＿.

· はなは ＿＿＿＿＿＿＿＿。
　코는　　＿＿＿＿＿＿＿＿.

그 외 표현

· あたま	두뇌, 머리
· あたまが いい	머리가 좋다
· あたまが わるい	머리가 나쁘다

聞き取り

1 잘 듣고 빈칸을 채운 다음, 연상되는 그림을 선으로 이으세요. 31

❶ | た | か | い | •

❷ | | | | •

❸ | | | | •

❹ | | | | •

❺ | | | | | •

• ⓐ

• ⓑ

• ⓒ

• ⓓ

• ⓔ

2 대화를 듣고 바른 그림을 고르세요.

❶

ⓐ ☐ ⓑ ☐

❷

ⓐ ☐ ⓑ ☐

❸

ⓐ ☐ ⓑ ☐

3 なかむら군은 누구일까요?

❶

❷

❸

あついですね 83

🌸 일본의 옛날 이야기 '모모타로'를 읽어봅시다.
　　오른쪽의 뜻을 보고 빈칸에 들어갈 말을 써 넣으세요.

むかし、むかし
おばあさんが かわで せんたくを
していると、

◻◻◻◻ ももが
ながれて きました。

옛날, 옛날
할머니가 냇가에서 빨래를
하고 있었는데,
(큰) 복숭아가
떠내려 왔습니다.

ももを もちかえった
おばあさんが ももを たべようと
したところ、
なかから ◻◻◻◻
おとこのこが でてきました。
なまえは 'ももたろう'です。

복숭아를 안고 돌아온
할머니가 먹으려고
하는데,
안에서 **(작은)**
남자아이가 나온 겁니다.
이름은 '모모타로'입니다.

おおきくなった ももたろうは
いぬ・きじ・さるを つれて
◻◻◻ おにが すむ
'おにがしま'に おにたいじに
いくことに しました。

자란 모모타로는
개, 꿩, 원숭이를 데리고
(나쁜) 도깨비가 사는
'오니가시마'에 도깨비를
퇴치하러 가기로 했습니다.

おにを たいじした ももたろうは
たからものを もちかえって、
むらの ひとびとに わけあたえ、
いつまでも しあわせに くらし
ました。

도깨비를 퇴치한 모모타로
는 보물을 가지고 돌아와서
마을 사람들에게 나눠 주고
언제까지나 행복하게 살았
습니다.

남의 집을 방문할 때

방문할 때

あら、
いらっしゃい。

ごめんください。

친구나 아는 사람 집을 방문할 때는
「ごめんください。」(계세요?)라고 말합니다. 이때 맞이하는 사람은 「いらっしゃい。」(어서 와요, 어서 오세요.)라고 맞이합니다. 얼른 들어오라고 권할 때는 「どうぞ。」라고 하겠지요.

돌아갈 때

きを つけて!

おじゃましました。

그러면 신발을 벗으면서 「おじゃまします。」라고 합니다. 「じゃま」는 '방해'라는 뜻이므로 '방해하겠습니다.' 즉 '실례하겠습니다.'라는 뜻이 됩니다.
만약에 방문한 집에서 차나 밥을 먹게 되었다면, 먹기 전에 「いただきます。」(잘 먹겠습니다.)라고 말하는 것이 좋습니다.

집에서 나올 때는 「おじゃましました。」라고 인사를 합니다. 그럼 보통 「きをつけて。」라고 대답을 하는데, 「きをつけて。」는 '조심해서 가라'라는 뜻입니다.

★식사할 때 주의할 점

1. 밥그릇은 손에 들고 먹습니다.

2. 다른 접시에 있는 음식을 덜어올 때는 젓가락을 거꾸로 들고 음식을 덜어와야 합니다.

3. 식탁에 팔꿈치를 괴거나 무릎을 세우고 앉으면 안 됩니다.

슈퍼에 온 두 사람. 야채와 과일 매장에서 서로의 음식 취향에 대해서 말하고 있습니다.

- くだもの 과일
- いちご 딸기
- すきだ 좋아하다
- やさい 야채
- とくに 특히
- きらいだ 싫어하다

すきです 87

ポイント

🌸 자주 쓰는 ナ형용사

ナ형용사는 뒤에 명사를 꾸밀 때 '~な'형으로 꾸미는 형용사를 말합니다.
다음 그림의 단어를 익히고 '~합니다, ~하지 않습니다'로 바꾸어 말해보세요.

かんたんだ ⟷ ふくざつだ　　　　きれいだ ⟷ きたない
간단하다　　　복잡하다　　　　　깨끗하다　　　더럽다 ※イ형용사

じょうずだ ⟷ へただ　　　　しずかだ ⟷ にぎやかだ
잘하다　　　 못하다　　　　조용하다　　 붐비다

ナ형용사

긍정형 :	かんたんだ	→	かんたんです
	간단하다		간단합니다
부정형 :	かんたんではない	→	かんたんでは ありません
	간단하지 않다		간단하지 않습니다

08

ひまだ　　←　いそがしい
한가하다　　　바쁘다 ※イ형용사

らくだ　　←　たいへんだ
편하다　　　　힘들다

· エレベーター 엘리베이터 · かいだん 계단

べんりだ　　←　ふべんだ
편리하다　　　불편하다

すきだ　　←　きらいだ
좋아하다　　　싫어하다

練習問題

🌸 다음 그림을 보고 「すきだ」「じょうずだ」 등을 이용하여 예 와 같이 답하세요.

예 A：そらさんは ぎゅうにゅうが すきですか。

B：はい、すきです。

A：ハンさんは えいごが じょうずですか。

B：いいえ、じょうずでは ありません。

・ぎゅうにゅう 우유
・コーラ 콜라
・うた 노래
・えいご 영어
・ちゅうごくご 중국어

❶ A：そらさんは ＿＿＿＿が すきですか。

B：はい、＿＿＿＿＿＿＿＿。 / いいえ、＿＿＿＿＿＿＿＿＿。

A：そらさんは ピアノが じょうずですか。

B：はい。＿＿＿＿＿＿＿＿。 / いいえ。＿＿＿＿＿＿＿＿＿。

※ '~를 좋아합니다. / ~를 싫어합니다'라고 할 때는 「~が すきです/~が きらいです」라고 합니다.
「~が じょうずです」처럼 조사 「が」를 쓰는 것에 주의하세요.

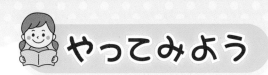

やってみよう

なにが すきですか。

🌸 과일과 야채 이름을 익히고 나서 자신이 좋아하는 것과 싫어하는 것을 말해보세요. 🎧

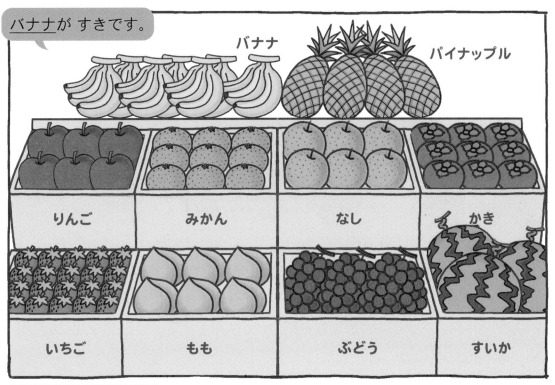

バナナが すきです。

バナナ パイナップル

りんご みかん なし かき

いちご もも ぶどう すいか

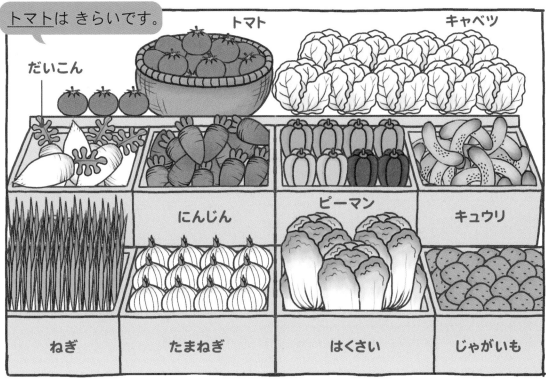

トマトは きらいです。

トマト キャベツ

だいこん

にんじん ピーマン キュウリ

ねぎ たまねぎ はくさい じゃがいも

やってみよう

✿ ～と ～と どちらが すきですか。～와 ～중 어느 쪽이 좋습니까?

둘 중에서 어느 쪽을 좋아하냐고 묻는 표현입니다. 대답은 「～のほうが すきです」(～쪽을 좋아합니다)와 같이 대답합니다.

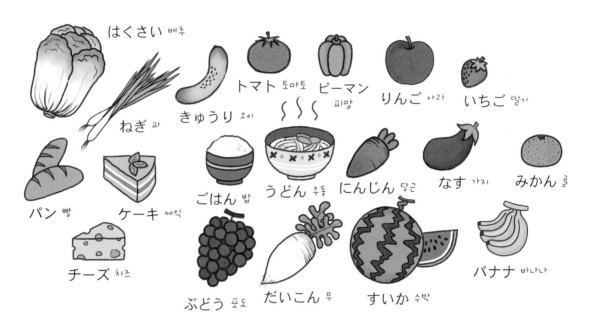

はくさい 배추
ねぎ 파
きゅうり 오이
トマト 토마토
ピーマン 피망
りんご 사과
いちご 딸기
パン 빵
ケーキ 케익
ごはん 밥
うどん 우동
にんじん 당근
なす 가지
みかん 귤
チーズ 치즈
ぶどう 포도
だいこん 무
すいか 수박
バナナ 바나나

예 A：トマトと いちごと どちらが すきですか。　토마토와 딸기 중 어느 쪽을 좋아합니까?

　　B：いちごの ほうが すきです。　딸기를 좋아합니다.

❶ トマト, みかん, すきだ

　A：＿＿＿＿と ＿＿＿＿と どちらが ＿＿＿＿ですか。

　B：＿＿＿＿の ほうが すきです。

❷ すいか, りんご, おおきい

　A：＿＿＿＿と ＿＿＿＿と どちらが ＿＿＿＿ですか。

　B：＿＿＿＿の ほうが おおきいです。

❸ ねぎ, ピーマン, ながい

　A：＿＿＿＿と ＿＿＿＿と どちらが ＿＿＿＿ですか。

　B：＿＿＿＿の ほうが ながいです。

聞き取り

1 잘 듣고 설명과 맞는 그림을 고르세요.

❶

ⓐ   ⓑ

❷

ⓐ   ⓑ

❸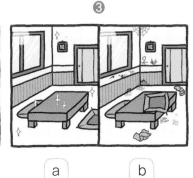

ⓐ   ⓑ

2 대화를 듣고 일치하는 그림을 골라, 문장을 완성하세요.

❶

_____の ほうが _____です。

❷

ⓐ こんにちは ⓑ 你好…

_____の ほうが _____です。

❸

_____の ほうが _____です。

❹

_____の ほうが _____です。

❺

_____の ほうが _____です。

❻

_____の ほうが _____です。

どこに ありますか。

어디에 있어요? 🎧38

❶ そらさん、ハムは どこに ありますか。

❷ ハムは、れいぞうこの 中(なか)に あります。

❸ では、パンは?

❹ レンジの 上(うえ)です。

・ハム 햄 ・ある 있다 ・れいぞうこ 냉장고 ・中(なか) 안 ・～に ～에 ・パン 빵
・レンジ 전자레인지 ・上(うえ) 위 ・おさら 접시 ・あれ? 어? ・いる 있다

샌드위치를 만드는 두 사람, 재료가 어디에 있는지 물어가며 도와주는 한상, 그런데 동생 다쿠야는 어디에 있을까요?

ポイント

✿ 위치를 나타내는 말

左(ひだり) ⟷ 右(みぎ)
　왼쪽　　　　　　오른쪽

後(うしろ) ⟷ 前(まえ)
　뒤　　　　　　　앞

中(なか) ⟷ 外(そと)
　안　　　　　　밖

上(うえ) ⟷ 下(した)
　위　　　　　　아래

그 외 표현

·横(よこ)	옆
·隣(となり)	이웃
·側(そば)	옆/곁

單語
- ボール 공　・いす 의자　・ねずみ 쥐　・はこ 상자　・へび 뱀　・リボン 리본
- くま 곰　・やぎ 산양　・とら 호랑이　・うさぎ 토끼　・さる 원숭이

❀ ある와 いる

'있다'에 해당하는 일본어는 ある와 いる가 있습니다.
사물은 ある, 사람이나 동물은 いる를 씁니다.

사람·동물	へびは どこに いますか。	뱀은 어디에 있습니까?
	へびは はこの なかに います。	뱀은 상자 안에 있습니다.
사물	ボールは どこに ありますか。	공은 어디에 있습니까?
	ボールは いすの うえに あります。	공은 의자 위에 있습니다.

		사물		사람·동물
기본형	ある	있다	いる
현재·미래	あります	있습니다	います
의문문	ありますか	있습니까?	いますか
부정문	ありません	없습니다	いません

※ 그림을 보면서 다음과 같이 말해보세요.

- うさぎは どこに いますか。　　　　　토끼는 어디에 있습니까?

- うさぎは くまの まえに います。　　토끼는 곰 앞에 있습니다.

- うさぎは とらの うしろに います。　토끼는 호랑이 뒤에 있습니다.

- ボールは いすの _____に あります。　공은 의자 ___에 있습니다.

- リボンは はこの _____に あります。　리본은 상자 ___에 있습니다.

練習問題

1 그림을 보고 답하세요.

❶
A：へびは どこに いますか。
B：へびは ____の ____に います。

❷
A：ボールは どこに ありますか。
B：ボールは ____の ____に あります。

❸
A：ねずみは どこに _____。
B：ねずみは ____の ____に います。

2 그림에 대한 설명입니다. 빈칸에 들어갈 말을 써 넣으세요.

보기

まえ　みぎ　あります　うしろ　ひだり

❶ ぎんこうの となりに
しょうぼうしょが _____。

❷ ゆうびんきょくの _____に
こうえんが あります。

❸ デパートの _____に
びょういんが あります。

❹ びょういん・デパートの _____に
ちゅうしゃじょうが あります。

❺ ぎんこうの _____に
ゆうびんきょくが あります。

・ぎんこう 은행 ・ゆうびんきょく 우체국
・こうえん 공원 ・びょういん 병원
・ちゅうしゃじょう 주차장

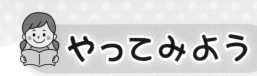

やってみよう

✿ 다음 단어를 익히고 그림을 보면서 예 와 같이 묻고 답하세요. 🎧 40

おくじょう 옥상

しんしつ 침실　おふろば 욕실

いま 거실　だいどころ 부엌

へや 방　しゃこ 차고

へや 방

しんしつ 침실

みきさんの いえ　　　　　わたしの いえ

예 みきさんの おかあさんは どこに いますか。 미키상의 어머니는 어디에 계세요?
　ははは だいどころに います。 엄마는 부엌에 계세요.

おじいさん 할아버지　おばあさん 할머니
おとうさん 아버지　おかあさん 어머니
おねえさん 언니/누나　おにいさん 오빠/형
いもうと 여동생　おとうと 남동생

상대방의 가족을 말할 때

そふ 할아버지　そぼ 할머니
ちち 아버지　はは 어머니
あね 언니/누나　あに 형,오빠
いもうと 여동생　おとうと 남동생

우리 가족을 말할 때

わたし

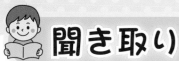

聞き取り

1 대화를 듣고 알맞은 위치에 스티커를 붙이거나 그림을 그려 넣으세요.

ねこ

ボール

ほん

2 대화를 잘 듣고 어디에 있는지 체크하세요.

	ⓐ	ⓑ	ⓒ	ⓓ
❶ えんぴつ				
❷ ほん				
❸ ねこ				

3 가족의 얼굴을 바르게 붙여봅시다.

おじいさん

おばあさん

おとうさん

おかあさん

おにいさん

おねえさん

おとうと

09

4 소라의 집은 어디일까요?

何時に おきますか。 몇 시에 일어나요?

私は7時30分に おきます。

8時30分に 学校へ いきます。

そして、11時に ねます。

そらの
いちにち

소라의 하루

10時からは たいてい 本を よみます。

9時から 10時まで テレビを みます。

소라의 하루입니다.

· ～に ～에(시간)　　　· ゆうごはん 저녁 식사
· ～へ ～에(방향)　　　· シャワー 샤워
· ～に ～에(도착점)　　· あびる 끼얹다
· ひるごはん 점심　　　· テレビ TV
· じゅく 학원　　　　　· ～からは ～부터는
· ～ごろ ～쯤　　　　　· たいてい 대개
· いえ 집　　　　　　　· そして 그리고

あさ 아침

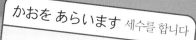

かおを あらいます 세수를 합니다

学校へ いきます 학교에 갑니다

おきます 일어납니다

🌸 일본어 동사표현

그림의 동사를 이용하여 예 와 같이 말해보세요.

예 私は 7時に おきます。

나는 7시에 일어납니다.

あさ 8時に 学校へ いきます。

아침 8시에 학교에 갑니다.

私は まいにち 6時に 家に かえります。

나는 매일 6시에 집에 돌아옵니다.

私は 8時 30分から テレビを みます。

나는 8시 30분부터 TV를 봅니다.

ねます 잡니다

本を よみます 책을 읽습니다

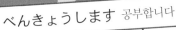

べんきょうします 공부합니다

よる 밤

ひるごはんを たべます 점심을 먹습니다

じゅくに いきます 학원에 갑니다

ひる 낮

家(いえ)に かえります 집에 돌아옵니다

- あさ　　　　　　　　　　　아침
- ひる　　　　　　　　　　　낮
- ゆうがた　　　　　　　　　저녁
- よる　　　　　　　　　　　밤
- あさごはん　　　　　　　　아침밥
- ひるごはん　　　　　　　　점심밥
- ゆうごはん(ゆうしょく)　　저녁밥
- まいにち　　　　　　　　　매일
- よく　　　　　　　　　　　자주
- ときどき　　　　　　　　　종종
- たまに　　　　　　　　　　가끔
- ほとんど　　　　　　　　　거의

ゆうごはんを たべます 저녁을 먹습니다

テレビを みます TV를 봅니다

シャワーを あびます 샤워를 합니다

ゆうがた
저녁

🌸 일본어 동사에 대해

일본어 동사는 활용 모양에 따라 1류동사 · 2류동사 · 3류동사로 나눌 수 있습니다. 기본형을
우리말 '~니다'체에 해당하는 「~ます」형으로 바꾸려면 다음과 같이 바꾸어야 합니다.

➡ 끝의 〔우〕음을 〔이〕음으로 바꾼 다음 **ます**를 붙여 줍니다.

1류동사

끝이 る로 끝나지 않는 모든 동사와, る로 끝나더라도 바로 앞에 오는 음이 〔이〕나 〔에〕가 아닌 것.

· **かう** 사다	→	**かいます**	삽니다
	→	**かいません**	사지 않습니다
· **よむ** 읽다	→	**よみます**	읽습니다
	→	**よみません**	읽지 않습니다
· **のる** 타다	→	**のります**	탑니다
	→	**のりません**	타지 않습니다
· **いく** 가다	→	**いきます**	갑니다
	→	**いきません**	가지 않습니다

※ 「**かえる**」(돌아가다)는 모양은 2류동사지만 1류동사이므로 「**かえます**」가
아니라 「**かえります**」라고 합니다.

| · **かえる** 돌아가다 | → | **かえります** | 돌아갑니다 |
| | → | **かえりません** | 돌아가지 않습니다 |

※ **ません**은 **ます**의 부정형입니다.

2류동사

끝이 る로 끝나고, 바로 앞에 오는 음이 〔이〕나 〔에〕인 것.

→ 끝의 る를 떼고 **ます**를 붙여 줍니다.

- みる 보다 → みます 봅니다
  → みません 보지 않습니다
- おきる 일어나다 → おきます 일어납니다
  → おきません 일어나지 않습니다
- たべる 먹다 → たべます 먹습니다
  → たべません 먹지 않습니다

10

3류동사

불규칙하게 활용하는 것. くる와 する 두 개 뿐입니다. '명사+する'형태의 동사도 여기에 해당합니다.

→ 불규칙적으로 활용합니다.

- くる 오다 → きます 옵니다
  → きません 오지 않습니다
- する 하다 → します 합니다
  → しません 하지 않습니다

※ べんきょうする(공부하다)처럼 ~する로 끝나는 동사도 「する」와 같이 활용합니다.

- べんきょうする → べんきょうします 공부합니다
  → べんきょうしません 공부하지 않습니다

※다음 동사를 ます형으로 바꾸어보세요.

- よむ 읽다 → _____
- つくる 만들다 → _____
- おきる 일어나다 → _____
- かえる 돌아가다 → _____
- くる 오다 → _____
- する 하다 → _____

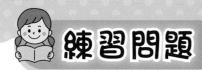

練習問題

① こいびとは いますか。	います ✓	いません ☐
② まいにち うんどうしますか。	します ☐	しません ☐
③ コーヒーは のみますか。	のみます ☐	のみません ☐
④ シャワーは まいにち あびますか。	します ☐	しません ☐
⑤ かんしょくは しますか。	します ☐	しません ☐
⑥ うんてんしますか。	します ☐	しません ☐
⑦ まいにち にっきを かきますか。	かきます ☐	かきません ☐
⑧ ゆめを よく みますか。	みます ☐	みません ☐
⑨ せんたくは じぶんで しますか。	します ☐	しません ☐
⑩ きょうかいに いきますか。	いきます ☐	いきません ☐
⑪ かいものを よく しますか。	します ☐	しません ☐
⑫ 6時前に おきますか。	おきます ☐	おきません ☐
⑬ 12時前に ねますか。	ねます ☐	ねません ☐

 こいびと
애인

 まいにち
매일

うんどうする
운동하다

 コーヒー
커피

かんしょく
간식

うんてんする
운전하다

 にっき
일기

ゆめ
꿈

よく
자주

せんたく
빨래

じぶんで
본인이(직접)

 きょうかい
교회

 かいもの
쇼핑

 ← ●---> 前(まえ)に
～전에

やってみよう

※아래의 질문을 읽고 해당하는 부분에 체크하세요.

	よく	ときどき	あまり	ぜんぜん □
ハンバーガーを たべる。				
かいものを する。				
ちかてつに のる。				
しんぶんを よむ。				
インターネットを する。				
てがみを かく。				
えいがを みる。				
ほんやに いく。				

 よく
자주

 ときどき
가끔

 あまり
별로(그다지)

 ぜんぜん
전혀

 ハンバーガー
햄버거

 ちかてつ
지하철

 しんぶん
신문

インターネット
인터넷

 てがみ
편지

 えいが
영화

 ほんや
서점

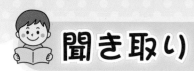

聞き取り

1 잘 듣고 내용이 맞으면 ○, 틀리면 × 를 하세요.

❶	❷	❸	❹

☐	☐	☐	☐

2 질문을 듣고, 알맞은 답을 고르세요.

❶
ⓐ 7時に たべます。
ⓑ 7時に ねます。
ⓒ 7時に おきます。

❷
ⓐ ふくを かいます。
ⓑ えいがを みます。
ⓒ ごはんを たべます。

❸
ⓐ べんきょうします。
ⓑ ともだちが きます。
ⓒ としょかんへ いきます。

❹
ⓐ 8時に いきます。
ⓑ 8時に かえります。
ⓒ 8時に します。

ふく
옷

ともだち
친구

아이들의 행사

일본에는 5월 5일 어린이날 이외에도 아이들의 건강과 성장을 축하하는 전통적인 행사가 있습니다.

♣ 시치고상(七·五·三)

남자아이는 3살과 5살, 여자아이는 3살과 7살이 되는 해인 11월 15일에 아이들의 성장을 축복하여 화사하게 차려입고 신사 참배를 합니다. 일본에서는 '七·五·三'이 행운의 수라고 여기기 때문에 성장 시기에 맞추어 이 날을 기념하게 됩니다.

♣ 고도모노히(こどもの日)

5월 5일은 남자 아이들을 위한 명절로, '단고노셋쿠(端午たんご:단오)'라고도 합니다. 이 날 집에서는 집안에 갑옷을 입고 칼을 찬 무사인형을 장식하고 바깥에는 '고이노보리'라고 불리는 잉어모양의 깃발을 세워 둡니다. 이 고이노보리가 힘차게 흩날리는 모습이 잉어가 용감하게 폭포를 거슬러 올라가는 것과 같아서 남자아이들도 이처럼 건강하게 자라기를 바라는 마음으로 고이노보리를 달아 놓습니다.

♣ 히나마츠리(ひなまつり)

3월 3일, 여자 아이의 행복을 비는 날로, '모모노셋쿠(복숭아의 날)'라고도 합니다. 히나마츠리 일주일 전에, 계단 모양의 장식대에 '히나인형'이라는 옛날 궁정의 풍습을 본 떠 만든 예쁜 인형을 비롯하여, 궁녀·악사·무사 등의 인형과 신혼 살림도구, 복숭아 꽃·가마·수레 등의 모형을 같이 장식합니다. 또, 찹쌀 죽에 누룩을 섞어 빚은 '시로자케(しろざけ)'라는 술을 마시기도 합니다.

11 たべたいです。 먹고 싶어요.

식당에 온 두 사람. 메뉴를 보고 각자 먹고 싶은 것을 주문합니다.

· ~たい ~고 싶다　· てんぷら 튀김　· おすし 초밥　· (ご)ちゅうもん 주문
· おまたせしました 주문하신 것 나왔습니다　· おいしそう 맛있겠다

ポイント

🌸 **〜たいです** 〜하고 싶습니다 🎧

'동사의 ます형 + たいです'는 '〜하고 싶습니다'라는 뜻입니다.

·かう 사다	→	かいます 삽니다	→	かいたいです 사고 싶습니다
·みる 보다	→	みます 봅니다	→	みたいです 보고 싶습니다
·くる 오다	→	きます 옵니다	→	きたいです 오고 싶습니다
·する 하다	→	します 합니다	→	したいです 하고 싶습니다

※ 일본에 가게 된다면 무엇을 하고 싶습니까? 예와 같이 다음 질문에 답하세요.

A	B	C

예) 何が(を) したいですか。

　　무엇을 하고 싶습니까?

　　<u>かいもの　したいです。</u>

かいもの する　　りょこう する　　えいがを みる

1 何を かいたいですか。

　　무엇을 사고 싶습니까?

　　_____

にんぎょう　　ゲームＣＤ　　まんが

2 何が(を) たべたいですか。

　　무엇을 먹고 싶습니까?

　　_____

おすし　　ラーメン　　おこのみやき

3 どこに いきたいですか。

　　어디에 가고 싶습니까?

　　_____

とうきょうタワー　　おんせん　　じんじゃ

4 何が(を) みたいですか?

　　무엇을 보고 싶습니까?

　　_____

かぶき　　アニメ　　ふじさん

❀ ～たいです / ～たくありません ～하고 싶습니다 / ～하고 싶지 않습니다

※ 예 와 같이 다음 질문에 はい/いいえ로 답하세요.

예	べんきょうしたいですか。 공부하고 싶어요? べんきょうする 공부하다	したいです。 하고 싶어요.	したく ありません。 하고 싶지 않아요.
① かう 사다	このかばん かいたいですか。 이 가방 사고 싶어요?		
② たべる 먹다	このケーキ たべたいですか。 이 케이크 먹고 싶어요?		
③ みる 보다	にほんの えいがを みたいですか。 일본 영화 보고 싶어요?		
④ いく 가다	ちゅうごくに いきたいですか。 중국에 가고 싶어요?		
⑤ きる 입다	これ きたいですか。 이것 입고 싶어요?		

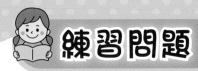

練習問題

🌸 ㉠와 같이 말해보세요.

㉠ たこやきが たべたいです。
   うどんも たべたいです。
   → たこやきと うどんが たべたいです。

❶ めがねを かいたいです。
   とけいも かいたいです。

   → _____。

❷ にほんに いきたいです。
   アメリカにも いきたいです。

   → _____。

❸ えいがを みたいです。
   えんげきも みたいです。

   → _____。

えんげき 연극

❹ てんぷらが たべたいです。
   とんかつも たべたいです。

   → _____。

とんかつ 돈까스

❺ しょうせつが よみたいです。
   まんがも よみたいです。

   → _____。

しょうせつ 소설

❻ せんたくが したいです。
   そうじも したいです。

   → _____。

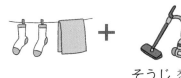

そうじ 청소

やってみよう

ラーメン 라면

てんぷら 튀김

ざるそば 메밀국수

11

とんかつ 돈까스

おこのみやき 오코노미야키

やきそば 야키소바

さしみ 회

しゃぶしゃぶ 샤브샤브

すし 초밥

おせちりょうり 설음식

うどん 우동

たこやき 타코야키

なっとう 낫토

うめぼし 매실장아찌

きょうの おすすめ
오늘의 추천요리

🌸 짝과 메뉴를 정한 다음, 주문을 해보세요.

何が（を）たべたいですか。

＿＿＿＿が たべたいです。

ごちゅうもん よろしいですか。

＿＿＿＿と ＿＿＿＿を ください。＿＿＿＿も ください。

1 대화를 듣고 두 사람의 할 일을 선으로 이어보세요.

2 대화를 듣고 キムさん이 하고 싶은 것을 모두 고르세요.

 ぶんぐてん
문구점

음식점에서 쓰는 말

いらっしゃいませ。

こちらへ　どうぞ。

가게에 손님이 들어오면 점원은 「いらっしゃいませ。」하고 인사를 합니다.

점원이 「こちらへどうぞ。」(이쪽으로 오세요.) 하면서 자리를 안내해 줍니다.

はい。

すみません。

ありがとう ございました。

ありがとう ございました。

손님이 주문을 하거나 점원을 부를 때는 「すみません。」(여기요.)이라고 합니다.

계산이 끝나고 점원이 「ありがとうございました。」하고 인사 하면 손님도 「ありがとうございました。」 또는 「ごちそうさまでした。」라고 말합니다.

12 また きてください。 또 오세요.

오늘은 한상이 한국에 돌아가는 날. 소라와 가족들이 공항까지 배웅하러 왔습니다.

ポイント

✿ '~해 주세요'라는 표현을 익혀봅시다.

1류동사 기본형의 끝 글자에 따라 앞에 오는 글자가 바뀝니다. 「う・つ・る」는 「って」, 「く」는 「いて」, 「ぐ」는 「いで」, 「ぬ・ぶ・む」는 「んで」, 「す」는 「して」로 바뀝니다.

いう 말하다	→ いってください	→ 名前を いってください。 이름을 말하세요.
まつ 기다리다	→ まってください	→ ここで まってください。 여기서 기다리세요.
のる 타다	→ のってください	→ でんしゃに のってください。 전철을 타세요.
かく 쓰다	→ かいてください	→ 住所を かいてください。 주소를 써 주세요.
* いく 가다	→ いってください	→ えきに いってください。 역에 가 주세요.
よむ 읽다	→ よんでください	→ 本を よんでください。 책을 읽으세요.
はなす 말하다	→ はなしてください	→ にほんごで はなしてください。 일본어로 말해 주세요.

2류동사 끝의 る를 떼고 て를 붙여줍니다.

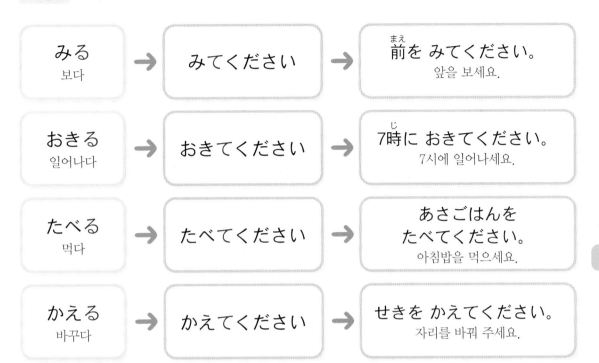

みる 보다	→ みてください	→ 前を みてください。 앞을 보세요.
おきる 일어나다	→ おきてください	→ 7時に おきてください。 7시에 일어나세요.
たべる 먹다	→ たべてください	→ あさごはんを たべてください。 아침밥을 먹으세요.
かえる 바꾸다	→ かえてください	→ せきを かえてください。 자리를 바꿔 주세요.

3류동사 각각 다음의 모양을 외워둡시다.

くる 오다	→ きてください	→ 3時まで きてください。 3시까지 와 주세요.
する 하다	→ してください	→ しずかに してください。 조용히 해 주세요.
でんわする 전화하다	→ でんわしてください	→ 必ず でんわしてください。 꼭 전화해 주세요.

せき 자리	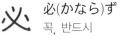 しずかに 조용히	必(かなら)ず 꼭, 반드시	でんわ 전화

✿ 보기 의 단어를 이용하여 말해보세요.

❶

A : ここには 何を かきますか。

B : ＿＿＿＿＿＿＿＿＿を かいてください。

보기

なまえ・でんわばんごう・じゅうしょ

❷

A : どこまで いきましょうか。
　　(いきましょうか : 갈까요?)

B : ＿＿＿＿＿＿＿＿＿に いってください。

보기

シンチョン・えき・ホテル

❸

A : あした シンチョンで あいましょう。
　　(あいましょう : 만납시다.)

B : シンチョンの どこで。

A : ＿＿＿＿＿＿＿＿＿まで きてください。

보기

新村えき・Hデパート・Pコーヒーショップ

 じゅうしょ
주소

 えき
역

 신촌(新村)

 ホテル
호텔

 デパート
백화점

 コーヒーショップ
커피점

やってみよう

あるく(걷다)

あるいてください

はしる(달리다)

すわる(앉다)

たつ(서다)

おどる(춤추다)

うたをうたう(노래를 부르다)

てをたたく(손뼉을 치다)

わらう(웃다)

なく(울다)

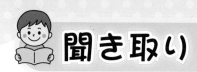

聞き取り

1 잘 듣고 관계되는 것끼리 이으세요.

❶ ·   ❷ ·   ❸ ·

ⓐ ·   ⓑ ·   ⓒ ·

  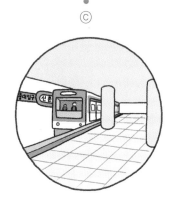

2 질문에 대한 적당한 답을 고르세요.

❶ ⓐ よんでください。
    ⓑ いってください。
    ⓒ のってください。

❷ ⓐ してください。
    ⓑ きてください。
    ⓒ かいてください。

❸ ⓐ まってください。
    ⓑ たべてください。
    ⓒ かえてください。

❹ ⓐ してください。
    ⓑ みてください。
    ⓒ きてください。

おめんづくり

🌸 **가면 만들기** 다음 순서에 따라 만들어 보세요. 귀여운 고양이가 나옵니다.

만드는 법

① ——— 굵은 선을 따라 자릅니다.

② - - - - - 파란 선은 안으로, 붉은 선은 밖으로 접습니다.

③ のり(풀) 라고 쓰여 있는 곳에 풀을 바르고, 그림과 같이 붙입니다.

1과~12과까지 배운 내용을 총정리할 수 있는 종합문제입니다.
총 67문항. 정답은 151쪽에 있습니다.

1 알맞은 인사를 연결하세요.

❶ 낮 인사　　　　•　　　　　• ⓐ いってきます。

❷ 식사하기 전　•　　　　　• ⓑ おやすみなさい。

❸ 학교갈 때　　•　　　　　• ⓒ こんにちは。

❹ 잠들기 전에　•　　　　　• ⓓ いただきます。

❺ 헤어질 때　　•　　　　　• ⓔ さようなら。

2 다음 그림을 보고 「わたしは ～です。」 문장을 만드세요.

❶ わたしは_____です。

❷ わたしは_____です。

❸ _____です。

❹ _____です。

❺ _____です。

종합문제

3 다음 그림과 힌트를 보고 문장을 완성하세요.

❶

Ⓐ これは なんですか。

Ⓑ _____は _____です。

❷

Ⓐ あれは なんですか。

Ⓑ _____は _____です。

❸

Ⓐ それは なんですか。

Ⓑ _____は _____です。

❹

そら

Ⓐ これは だれの ほんですか。

Ⓑ それは _____の ほんです。

❺

ゆき

Ⓐ これは だれの かばんですか。

Ⓑ それは _____のです。

4 일본어로 말하세요.

❶ 여기는 뭐예요?　　　　→ _____

❷ 거기는 화장실이에요.　→ _____

❸ 거기는 뭐예요?　　　　→ _____

❹ 교실은 몇 층이에요?　→ _____

❺ 화장실은 1층이에요.　→ _____

5 그림을 보고 알맞은 말을 써 넣으세요.

❶ _____

❷ _____

❸ _____

❹ _____

6 시계를 보고 답하세요.

いま なんじですか。

❶   ❷   ❸

7 빈칸에 들어갈 알맞은 말을 히라가나로 쓰세요.

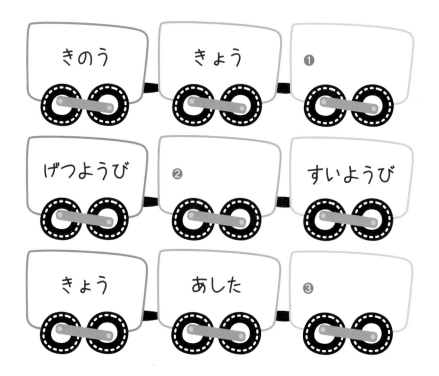

きのう   きょう   ❶

げつようび   ❷   すいようび

きょう   あした   ❸

8 그림과 어울리는 형용사를 보기 에서 골라 쓰고, 반대되는 형용사를 찾아 선으로 이으세요.

보기   うれしい   やすい   いい   おおい   あたらしい

❶ ⓐ わるい

❷ ⓑ かなしい

❸ ⓒ すくない

❹ ⓓ たかい

❺ ⓔ ふるい

9 다음 문장을 완성하세요.

❶ A : いちごが すきですか。

B : はい、＿＿＿＿＿＿＿＿＿＿＿＿＿＿＿＿＿＿＿＿＿＿＿。

❷ A : やさいが すきですか。

B : いいえ、すき＿＿＿＿＿＿＿＿＿＿＿＿＿＿＿＿＿＿＿＿＿。

❸ A : えいごが じょうずですか。

B : いいえ、＿＿＿＿＿＿＿＿＿＿＿＿＿＿＿＿＿＿＿＿＿＿。

❹ A : なにいろが すきですか。

B : きいろが ＿＿＿＿＿＿＿＿＿＿＿＿＿＿＿＿＿＿＿＿＿。

❺ A : ひまですか。

B : いいえ、ひま＿＿＿＿＿＿＿＿＿＿＿＿＿＿＿＿＿＿＿＿＿。

10 그림을 보고 빈칸에 알맞은 단어를 써 넣으세요.

❶ へびは はこの [   ] に います。

❷ とらは うさぎの [   ] に います。

❸ ねずみは いすの [   ] に います。

❹ ボールは いすの [   ] に あります。

❺ リボンは はこの [   ] に あります。

11 알맞은 것끼리 연결하세요.

❶ おかあさん   •   •

❷ おとうと   •   •

❸ いもうと   •   •

❹ おとうさん   •   •

❺ おばあちゃん   •   •

12 다음 한국어를 일본어로 옮기세요.(가나로 쓰세요.)

❶ 나는 7시에 일어납니다. → _____ 。

❷ 점심을 먹습니다. → _____ 。

❸ 공부합니다. → _____ 。

❹ 책을 읽습니다. → _____ 。

❺ 12시에 잡니다. → _____ 。

13 맞는 것에 체크하세요.

❶ ⓐ ほんを よります。

ⓑ ほんを よみます。

ⓒ ほんを よるます。

❷ ⓐ ごはんを たべります。

ⓑ ごはんを たばます。

ⓒ ごはんを たべます。

❸ ⓐ テレビを みります。

ⓑ テレビを みます。

ⓒ テレビを みるます。

❹ ⓐ いえに かえます。

ⓑ いえに かえるます。

ⓒ いえに かえります。

❺ ⓐ がっこうに きます。

ⓑ がっこうに くます。

ⓒ がっこうに くるます。

14 다음 그림을 보고 문장을 완성하세요.

❶

みる

えいがが ☐ たいです。

❷

いく

にほんに ☐ 。

❸

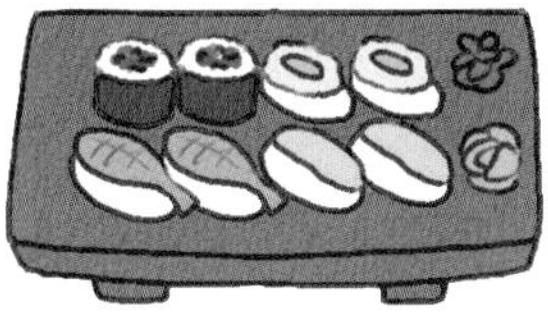

たべる

おすしが ☐ 。

❹

と

めがね ☐ とけいが かいたいです。

❺

よむ

まんがと しょうせつが ☐ 。

15 다음 문장에서 동사를 찾아내고, ~てください형으로 바꾸세요.

❶ 本を よみます。

→

❷ にほんごで はなします。

→

❸ 名前を いいます。

→

❹ しずかに する。

→

❺ 3時に くる。

→

부록

스크립트와 정답

01 인사

본문   p.26

おはようございます。	안녕하세요?(아침 인사)
おはよう。	안녕.
こんにちは。	안녕하세요?(낮 인사)
さようなら。	잘 가라.
	(안녕히 계세요.)
バイバイ。	안녕.
じゃあね。	잘 가.
こんばんは。	안녕하세요?(밤 인사)
おやすみ。	잘 자라.
おやすみなさい。	안녕히 주무세요.
いってきます。	다녀오겠습니다.
いってらっしゃい。	다녀오세요.(다녀와라.)
ただいま。	다녀왔습니다.
おかえりなさい。	어서 와라.
いただきます。	잘 먹겠습니다.
ごちそうさまでした。	잘 먹었습니다.
ありがとうございます。	고맙습니다.
どういたしまして。	천만에요.
すみません。	죄송해요.
だいじょうぶです。	괜찮아요.

練習問題   p.28

1.
① おやすみなさい。
② いってきます。
③ いただきます。

2.
①
②

3.
ありがとうございます。	－ どういたしまして。
ただいま。	－ おかえりなさい。
いってきます。	－ いってらっしゃい。

聞き取り   p.30

1.
① (おはようございます。) － おはよう。
② (じゃあね。) － バイバイ。
③ (すみません。) － だいじょうぶです。

2.
① に (こんにちは。)
② な (さようなら。)
③ い (いってきます。)
④ り (おかえりなさい。)
⑤ が (ありがとうございます。)
⑥ ん (すみません。)

02 처음 뵙겠습니다.

본문   p.32

한	처음 뵙겠습니다.
	저는 한지훈입니다.
	잘 부탁합니다.
소라	소라입니다.
	저야말로 잘 부탁합니다.
한	소라상은 중학생이에요?
소라	네.
소라	한상은요?
한	저는 고등학생이에요.

(※ 'さん'은 '~씨, ~님, ~양' 등 다양하게 해석할 수 있습니다. 이 책에서는 편의상 '한지훈씨', '소라양'이라 하지 않고 그대로 '한상', '소라상'으로 번역하였습니다.)

1.

① は

② ちゅうがくせい

③ では

2.

① いいえ

A : 경찰입니까?

B : (아니요), 경찰이 아닙니다.
소방사입니다.

② はい

A : 일본인입니까?

B : (예), 일본인입니다.

3.

① イさんは せんせいですか。

(이상은 선생님입니까?)

いいえ、せんせいでは ありません。

(아니요, 선생님이 아닙니다.)

② たかはしさんは しゅふですか。

(다카하시 씨는 주부입니까?)

はい、しゅふです。

(네, 주부입니다.)

やってみよう　　　　　　　　　p.39

1.

① な；なにいち の ごよんさんきゅう

② さんゼロはちゼロ の いちゼロよんろく

③ ゼロゼロいち の はちに の ろくごよんは
ち の ななきゅうよんさん

聞き取り　　　　　　　　　　　p.40

1.

① ⓓ

わたしは イです。

わたしは かんこくじんです。

② ⓑ

こんにちは。わたしは そらです。

わたしは ちゅうがくせいです。

③ ⓒ

わたしは たなかです。

わたしは こうこうせいでは ありません。

だいがくせいです。

④ ⓐ

こんにちは。わたしは ハンです。

わたしは だいがくせいでは ありません。

こうこうせいです。

2.

① ⓑ

さとうさんは にほんじんです。

② ⓑ

キムさんは ちゅうがくせいです。

③ ⓐ

たかはしさんは ぎんこういんです。

④ ⓑ

イさんは しゅふです。

03 이건 뭐예요?

본문　　　　　　　　　　　　　p.42

한	소라상. 이건 뭐예요?
소라	그건 기모노예요.
한	누구 기모노예요?
소라	제 기모노예요.
한	그것도 소라상 거예요?
소라	네, 이것도 제 거예요.

練習問題　　　　　　　　　　p.46

1.

① それは ほんです。

② あれは けしゴムです。

③ これは えんぴつです。

④ いいえ。(それは)とけいでは ありません。
めがねです。

⑤ はい。これは ノートです。

⑥ いいえ。(あれは)けしゴムでは ありません。
とけいです。

2.

① これは だれの えですか。
それは みきさんの えです。
/ みきさんのです。

② これは だれの えですか。
それは すずきさんの えです。
/ すずきさんのです。

③ これは だれの えですか。
それは わたなべさんの えです。
/ わたなべさんのです。

やってみよう   p.48

1.

① ⓒ にほん

② ⓐ ちゅうごく

③ ⓑ アメリカ

聞き取り   p.50

1.

A : これは だれの ほんですか。

B : それは そらさんの ほんです。

A : それは だれの めがねですか。

B : これは ハンさんの めがねです。

A : あれは だれの かばんですか。

B : あれも ハンさんのです。

A : では、これは だれの けいたいでんわですか。

B : それは そらさんの けいたいでんわです。

2.

① × (これは とけいです。)

② ○ (それは ノートです。)

③ ○ (あれは めがねです。)

3.

① ノー[ト]   ② えん[ぴ]つ   ③ か[ば]ん

04 어디예요?

본문   p.52

소라   여기가 저의 학교예요.

한   소라상의 교실은 어디예요?

소라   저의 교실은 저기예요.

한   그럼, 화장실은요?

소라   화장실?
화장실은 2층이에요.

한   갔다올게요.

練習問題   p.57

① たいいくかんは どこですか。
  → たいいくかんは あそこです。

② しょくどうは どこですか。
  → しょくどうは ここです。

③ きょうしつは 2かいですか。
  → はい、きょうしつは 2かいです。

④ としょかんは なんがいですか。
  → としょかんは 4かいです。

聞き取り   p.59

1.

1층 – しょくどう

2층 – ばいてん

3층 – きょうしつ

4층 – としょかん

5층 – おんがくしつ

A：きょうしつは なんがいですか。
B：きょうしつは 3がいです。
A：ばいてんは なんがいですか。
B：ばいてんは 2かいです。
A：では、としょかんは なんがいですか。
B：としょかんは 4かいです。
A：おんがくしつは 1かいですか。
B：いいえ、おんがくしつは 5かいです。
A：では、しょくどうも 5かいですか。
B：いいえ、しょくどうは 1かいです。

2.

① ⓐ
A：えきは どこですか。
B：えきは ここです。
② ⓑ
A：ぎんこうは どこですか。
B：ぎんこうは あそこです。
③ ⓑ
A：デパートは どこですか。
B：デパートは あそこです。
④ ⓐ
A：トイレは どこですか。
B：トイレは ここです。

05 얼마예요?

본문 p.60

한	여기요.
	이건 얼마예요?
점원	2,000엔입니다.
한	그럼, 이 가방은 얼마예요?
점원	그것은 1,500엔입니다.
한	어디 거예요?
점원	일본 것입니다.
한	그럼, 이것을 주세요.
점원	알겠습니다.

練習問題 p.64

1.

① A：この とけいは いくらですか。
　 B：5,400(ごせんよんひゃく)えんです。
　 A：どこのですか。
　 B：スイスのです。
　 A：では、これを ください。
② A：この ネクタイは いくらですか。
　 B：3,200(さんぜんにひゃく)えんです。
　 A：どこのですか。
　 B：フランスのです。
　 A：では、これを ください。
③ A：この くつは いくらですか。
　 B：7,800(ななせんはっぴゃく)えんです。
　 A：どこのですか。
　 B：かんこくのです。
　 A：では、これを ください。
④ A：この ゆびわは いくらですか。
　 B：4,800(よんせんはっぴゃく)えんです。
　 A：どこのですか。
　 B：ちゅうごくのです。
　 A：では、これを ください。
⑤ A：この ぼうしは いくらですか。
　 B：1,500(せんごひゃく)えんです。
　 A：どこのですか。
　 B：アメリカのです。
　 A：では、これを ください。

2.

150 – ⓐ ひゃくごじゅう
3,700 – ⓐ さんぜんななひゃく
はっせんさんびゃく– ⓐ 8,300

やってみよう p.65

ⓐ 빨간색과 녹색의 넥타이는 몇 번입니까?
(③)

ⓑ 하얀색과 오렌지색의 넥타이는 몇 번입니까?
(④)

ⓒ 파란색과 노란색의 넥타이는 몇 번입니까?
(②)

ⓓ 빨간색과 보라색의 넥타이는 몇 번입니까?
(①)

聞き取り   p.66

1.

¥ ①②⓪   ¥ ①⑤⓪⓪   ¥ ⑧⑨⓪⓪

① A : これは いくらですか。
　 B : 120えんです。

② A : これは いくらですか。
　 B : 1,500えんです。

③ A : これは いくらですか。
　 B : 8,900えんです。

2.

① ⓐ
　A : この あかの ぼうしは いくらですか。
　B : 1,500えんです。

② ⓐ
　A : この ピンクの かばんは いくらですか。
　B : それは 4,000えんです。

③ ⓐ
　A : この とけいは どこのですか。
　B : その とけいは アメリカのです。

④ ⓑ
　A : すみません。この にんぎょうは いく
　　　らですか。
　B : 1,500えんです。
　A : どこのですか。
　B : にほんのです。

3.

소라 : この とけいは いくらですか。

점원 : その とけいは 1,500えんです。

소라 : その かばんは いくらですか。

점원 : あかの かばんは 2,000えんです。
　　　 きいろの かばんは 2,500えんです。

소라 : この ぼうしは いくらですか。

점원 : あかの ぼうしは 3,000えんです。
　　　 あおの ぼうしは 2,300えんです。

소라 : では、 とけいと きいろの かばんを
　　　 ください。

점원 : はい、 ありがとうございました。

06 언제까지예요?

본문   p.68

소라	여기요.
	지금 몇 시입니까?
점원	5시입니다.
소라	이 비디오는 내일까지입니까?
점원	예, 내일까지입니다.
소라	고맙습니다.
점원	감사합니다.

練習問題   p.72

1.

① はちじ
② ろくじ
③ じゅうにじ はん(さんじゅっぷん)
④ さんじ はん(さんじゅっぷん)
⑤ じゅうにじ
⑥ よじ

2.

① ② ③

3.

① きょう

② にちようび, すいようび

4.

がっこうは じから じまでです。

ピアノは じから じまでです。

じから じまでは えいごの じゅくです。

じから テコンドーです。

聞き取り　　　　　　　　　　p.74

1.

① ゆうびんきょくは 9じから 5じまでです。

② ぎんこうは 9じから 3じまでです。

③ びょういんは 8じから 6じまでです。

④ デパートは 10じから 8じまでです。

2.

① ⓒ

　A : ピアノは なんようびと なんようびですか。

　B : げつようびと きんようびです。

② ⓐ

　A : テコンドーは なんようびですか。

　B : どようびです。

③ ⓑ

　A : テストは なんようびから なんようびまでですか。

　B : かようびから もくようびまでです。

07 덥네요.

본문　　　　　　　　　　　　p.76

한	도쿄는 덥네요.
소라	서울도 이렇게 더워요?
한	네, 더워요.
소라	겨울은 어때요?
한	겨울은 도쿄보다 추워요.

練習問題　　　　　　　　　　p.80

1.

① ひろい

② この ゆびわは やすくありません。

③ ふるい / この とけいは あたらしくありません。

④ ながい / この えんぴつは みじかくありません。

2.

① はい、おおいです。

② いいえ、ひろくありません。

③ いいえ、ながくありません。

3.

① ⓔ (せまい / ひろい)

② ⓓ (くらい / あかるい)

③ ⓐ (あつい / うすい)

④ ⓑ (ふるい / あたらしい)

⑤ ⓒ (ちいさい / おおきい)

聞き取り　　　　　　　　　　　p.83

1.

① たかい　　－ ⓓ (やすい)

② ながい　　－ ⓐ (みじかい)

③ ふとい　　－ ⓔ (ほそい)

④ はやい　　－ ⓑ (おそい)

⑤ すくない －ⓒ (おおい)

2.

① ⓐ

A : この りんごは おおきいですか。

B : はい、おおきいです。

② ⓐ

A : この デパートは たかいですか。

B : はい、たかいです。

③ ⓐ

A : この ほんは ふるいですか。

B : いいえ、ふるくありません。

3. ③

A : なかむらくんは、めが おおきいですか。

B : はい、おおきいです。

A : では、はなも おおきいですか。

B : いいえ、はなは おおきくありません。

A : かみは ながいですか。

B : いいえ、かみは みじかいです。

よんでみよう　　　　　　　　p.84

おおきい

ちいさい

わるい

08 좋아해요.

본문　　　　　　　　　　　　p.86

한　　　소라상은 과일을 좋아해요?

소라　　네, 너무 좋아해요.

특히 딸기를!!

한　　　그럼, 야채는 어때요?

소라　　야채는 싫어해요. 한상은요?

한　　　저는 야채도 과일도 좋아합니다.

練習問題　　　　　　　　　　p.90

1.

① A : そらさんは むらさきが すきですか。

　B : はい、すきです。

　B : いいえ、すきでは ありません。(きらいです。)

　A : そらさんは ピアノが じょうずですか。

　B : はい、じょうずです。

　B : いいえ、じょうずでは ありません。(へたです。)

やってみよう　　　　　　　　p.92

①

A : トマトと みかんと どちらが すきですか。

B : トマト(みかん)の ほうが すきです。

②

A : すいかと りんごと どちらが おおきいですか。

B : すいかの ほうが おおきいです。

③

A : ねぎと ピーマンと どちらが ながいですか。

R : ねぎの ほうが ながいです。

聞き取り　　　　　　　　　　p.93

1.

① ⓐ

わたしは くだものが すきです。

② ⓑ

そらさんは えいごが じょうずです。

③ ⓐ

ハンさんの いえは きれいです。

2.

① ⓐ

A：Aさんの いえと Bさんの いえと どちらが きれいですか。

B：<u>Aさんの いえ</u>の ほうが <u>きれい</u>です。

② ⓐ

A：にほんごと ちゅうごくごと どちらが じょうずですか。

B：<u>にほんご</u>の ほうが <u>じょうず</u>です。

③ ⓐ

A：としょかんと たいいくかんと どちらが しずかですか。

B：<u>としょかん</u>の ほうが <u>しずか</u>です。

④ ⓑ

A：いちごと すいかと どちらが すきですか。

B：<u>すいか</u>の ほうが <u>すき</u>です。

⑤ ⓑ

A：Aさんと Bさんと どちらが いそがしいですか。

B：<u>Bさん</u>の ほうが <u>いそがしい</u>です。

⑥ ⓑ

A：エレベーターと かいだんと どちらが たいへんですか。

B：<u>かいだん</u>の ほうが <u>たいへん</u>です。

09 어디에 있어요?

본문　　　　　　　　　　　　　　p.94

한　　　소라상, 햄은 어디에 있어요?

소라　　햄은 냉장고 안에 있어요.

한　　　그럼, 빵은요?

소라　　전자레인지 위에 있어요.

한　　　접시는 어디에 있어요?

소라　　여기요.

한　　　어? 타쿠야군은?

소라　　타쿠야!!

타쿠야　여기 있어.

練習問題　　　　　　　　　　　p.98

1.

① ヘビは <u>はこ</u>の <u>なか</u>に います。

② ボールは <u>いす</u>の <u>うえ</u>に あります。

③ ねずみは どこに <u>います</u>か。

　ねずみは <u>いす</u>の <u>した</u>に います。

2.

① あります

② まえ

③ みぎ

④ うしろ

⑤ ひだり

聞き取り　　　　　　　　　　　p.100

1.

A：ほんは どこに ありますか。

B：ほんは いすの うえに あります。

A：ボールは どこに ありますか。

B：ボールは はこの なかに あります。

A：つくえの したに なにが いますか。

B：つくえの したに ねこが います。

2.

A：えんぴつは どこに ありますか。

B：えんぴつは はこの なかに あります。

A : ほんは どこに ありますか。
B : ほんは はこの したに あります。
A : ねこは どこに いますか。
B : ねこは はこの うえに います。

			○	
		○		
	○			

3.
みきさんの かぞくは 8にんかぞくです。
みきさんの みぎには おとうとが います。
おとうとの うしろには おばあさんが います。
おばあさんの みぎには おじいさんが います。
みきさんの うしろには おとうさんが います。
おじいさんの まえが おねえさんです。
おかあさんは おとうさんの ひだりに います。
おにいさんは おかあさんの まえです。

4. ③
デパートの よこに しょうぼうしょが あ
ります。
しょうぼうしょと デパートの まえは
がっこうです。
がっこうの そばには ゆうびんきょくが

あります。
ゆうびんきょくの まえは ぎんこうです。
ぎんこうの となりに びょういんが あり
ます。
そらの いえは びょういんの となりです。
そらの いえの まえには こうえんが あり
ます。

10 몇 시에 일어나요?

본문 p.102

나는 7시 30분에 일어납니다.
8시 30분에 학교에 갑니다.
12시에 점심을 먹습니다.
4시에 학원에 갑니다.
7시쯤 집에 돌아옵니다.
저녁은 7시 30분쯤 먹습니다.
8시에 샤워를 합니다.
9시부터 10시까지 텔레비전을 봅니다.
10시부터는 대개 책을 봅니다.
그리고 11시에 잡니다.

심화학습 p.107

· よむ → よみます
· つくる → つくります
· おきる → おきます
· かえる → かえります
· くる → きます
· する → します

練習問題 p.108

1.
① 애인은 있습니까?
② 매일 운동합니까?
③ 커피는 먹습니까?
④ 샤워는 매일 합니까?

⑤ 간식은 합니까?

⑥ 운전합니까?

⑦ 매일 일기를 씁니까?

⑧ 자주 꿈을 꿉니까?

⑨ 빨래는 본인이 합니까?

⑩ 교회에 갑니까?

⑪ 자주 쇼핑합니까?

⑫ 6시 전에 일어납니까?

⑬ 12시 전에 잡니까?

やってみよう   p.109

햄버거를 먹는다.

쇼핑을 한다.

지하철을 탄다.

신문을 읽는다.

인터넷을 한다.

편지를 쓴다.

영화를 본다.

서점에 간다.

聞き取り   p.110

1.

① ×

　7じに おきます。

② ○

　ごはんを たべます。

③ ○

　がっこうへ いきます。

④ ×

　べんきょうします。

2.

① ©

　まいにち なんじに おきますか。

② ⓑ

　1じから なにを みますか。

③ ©

あした どこへ いきますか。

④ ⓑ

　まいにち なんじに いえに かえりますか。

11 먹고 싶어요.

본문   p.112

소라　　한상은 뭐가 먹고 싶어요?

한　　　나는 튀김이 먹고 싶어요.

　　　　소라상은?

소라　　나는 초밥!

점원　　주문하시겠습니까?

한　　　초밥하고 튀김 주세요.

점원　　주문하신 것 나왔습니다.

소라　　맛있겠다!!

한　　　고맙습니다.

ポイント   p.114

① 무엇을 사고 싶습니까? (인형·게임 씨디·만화)

A : にんぎょうを かいたいです。

B : ゲームCDを かいたいです。

C : まんがを かいたいです。

② 무엇이(을) 먹고 싶습니까? (초밥·라면·오코노미야키)

A : おすしが(を) たべたいです。

B : ラーメンが(を) たべたいです。

C : おこのみやきが(を) たべたいです。

③ 어디에 가고 싶습니까? (도쿄타워·온천·신사)

A : とうきょうタワーに いきたいです。

B : おんせんに いきたいです。

C : じんじゃに いきたいです。

④ 무엇이(을) 보고 싶습니까? (가부키·애니메이션·후지산)

A : かぶきが(を) みたいです。

B : アニメが(を) みたいです。

C : ふじさんを(が) みたいです。

① かいたいです。 / かいたくありません。
② たべたいです。 / たべたくありません。
③ みたいです。　 / みたくありません。
④ いきたいです。 / いきたくありません。
⑤ きたいです。　 / きたくありません。

練習問題　　　　　　　　p.116

① めがねと とけいを(が) かいたいです。
② にほんと アメリカに いきたいです。
③ えいがと えんげきを みたいです。
④ てんぷらと とんかつが(を) たべたいです。
⑤ しょうせつと まんがが(を) よみたいです。
⑥ せんたくと そうじが(を) したいです。

やってみよう　　　　　　　p.117

예 A : 何が(を) たべたいですか。
　 B : <u>ラーメン</u>が たべたいです。
　 A : ごちゅうもん よろしいですか。
　 B : <u>ラーメン</u>と <u>とんかつ</u>を ください。
　 　 <u>うめぼし</u>も ください。

聞き取り　　　　　　　　　p.118

1.

こんにちは。わたしは ハンです。
わたしは デパートに いきたいです。
デパートの レストランに いきたいです。
そして、おいしい おすしを たべたいです。

こんにちは。そらです。
わたしも デパートに いきたいです。

ぶんぐてんで ノートを かいたいです。

2.

A : キムさん。こんにちは。
B : こんにちは。
A : キムさんは どこに いきたいですか。
B : わたしは にほんに いきたいです。
A : にほんで なにを したいですか。
B : にほんで おすしと ラーメンを たべたい
　　です。
A : かいものは どうですか。
B : かいものも したいです
　　とけいを かいたいです。

12 또 오세요.

본문　　　　　　　　　　　p.120

한	정말 신세를 졌습니다.
소라 엄마	또 와요.
한	다음에는 소라상이 한국에 오세요.
소라	네, 꼭 가고 싶어요.
한	정말 고마웠습니다.
	안녕히 계세요.
소라 부모님	조심해서 가요.
다쿠야	안녕히 가세요.

練習問題　　　　　　　　p.124

① A : ここには 何を かきますか。
　　(여기에는 무엇을 씁니까?)

Ｂ：なまえを かいてください。
（이름을 써 주세요.）

②Ａ：どこまで いきましょうか。
（어디까지 갈까요?）

Ｂ：ホテルまで いってください。
（호텔까지 가 주세요.）

③Ａ：あした シンチョンで あいましょう。
（내일 신촌에서 만납시다.）

Ｂ：シンチョンの どこで。
（신촌의 어디서요?）

Ａ：Ｈデパートまで きてください。
（H백화점까지 와 주세요.）

やってみよう　　　　　　　　　　　p.125

あるいて ください。
はしって ください。
すわって ください。
たって ください。
おどって ください。
うたを うたって ください。
てを たたいて ください。
わらって ください。
ないて ください。

聞き取り　　　　　　　　　　　　p.126

1.

① ⓒ

わたしの いえは イルサンです。
シンチョンから でんしゃに のってください。

② ⓑ

あした 8じに がっこうに いきます。
7じまで おきてください。

③ ⓐ

ここは としょかんです。
しずかに してください。

2.

① ⓑ

Ａ：どこまで いきましょうか。
Ｂ：シンチョンまで （いってください。）

② ⓒ

Ａ：ここに なにを かきますか。
Ｂ：でんわばんごうと じゅうしょを （かいてください。）

③ ⓐ

Ａ：どこで まちましょうか。
Ｂ：ここで （まってください。）

④ ⓒ

Ａ：なんじまで いきましょうか。
Ｂ：1じまで （きてください。）

종합문제 정답

1. 인사말

❶ 낮 인사　　　　　　　　　ⓐいってきます。
❷ 식사하기 전　　　　　　　ⓑおやすみなさい。
❸ 학교갈 때　　　　　　　　ⓒこんにちは。
❹ 잠들기 전에　　　　　　　ⓓいただきます。
❺ 헤어질 때　　　　　　　　ⓔさようなら。

2. わたしは ～です

❶ わたしは ちゅうがくせいです。
❷ わたしは かんこくじんです。
❸ わたしは にほんじんです。
❹ わたしは ぎんこういん(かいしゃいん)です。
❺ わたしは しゅふです。

3. 문장 완성하기

❶ それは めがねです。
❷ あれは とけいです。
❸ これは けいたいです。

❹ それは そらさんの ほんです。

❺ それは ゆきさんのです。

4. 일본어로 말하기

❶ ここは なんですか。

❷ そこは トイレです。

❸ そこは なんですか。

❹ きょうしつは なんがいですか。

❺ トイレは いっかいです。

5. 물건을 사고 팔 때

❶ いくらですか。

❷ せんえんです。

❸ これは どこのですか。

❹ かんこくのです。

6. 시간

❶ よじです。

❷ くじはんです。

❸ じゅうにじです。

7. 날짜, 요일

❶ あした

❷ かようび

❸ あさって

8. い형용사

❶ おおい

❷ あたらしい

❸ いい

❹ やすい

❺ うれしい

ⓐ 나쁘다

ⓑ 슬프다

ⓒ 적다

ⓓ 비싸다

ⓔ 오래되다

9. な형용사

❶ はい、すきです。

❷ いいえ、すきではありません。

❸ いいえ、じょうずではありません。

❹ きいろが すきです。

❺ いいえ、ひまではありません。

10. 위치에 관한 말

❶ へびは はこの なかに います。

❷ とらは うさぎの まえに います。

❸ ねずみは いすの したに います。

❹ ボールは いすの うえに あります。

❺ リボンは はこの そとに あります。

11. 가족 호칭

❶ おかあさん

❷ おとうと

❸ いもうと

❹ おとうさん

❺ おばあちゃん

할머니

남동생

아버지

어머니

여동생

12. 동사의 ます형

❶ わたしは しちじに おきます。

❷ ひるごはんを たべます。

❸ べんきょうします。

❹ ほんを よみます。

❺ じゅうにじに ねます。

13. 동사의 ます형

❶ ⓑ   ❷ ⓒ   ❸ ⓑ   ❹ ⓒ   ❺ ⓐ

14. 동사 ます형 + たい

❶ えいがが みたいです。

❷ にほんに いきたいです。

❸ おすしが たべたいです。

❹ めがねと とけいが かいたいです。

❺ まんがと しょうせつが よみたいです。

15. ～てください

❶ よみます　よむ　よんでください
❷ はなします　はなす　はなしてください
❸ いいます　いう　いってください
❹ する　してください
❺ くる　きてください

01

본문

おはようございます。	안녕하세요?
おはよう。	안녕.
こんにちは。	안녕하세요?
さようなら。	안녕히 계세요.
さようなら。	안녕히 가세요.(잘 가.)
バイバイ。	안녕.(잘 가.)
じゃあね。	그럼(잘 가).
こんばんは。	안녕하세요?
おやすみなさい。	안녕히 주무세요.
おやすみ。	잘 자.
いってきます。	다녀오겠습니다.
いってらっしゃい。	다녀오세요.(다녀와.)
ただいま。	다녀왔습니다.
おかえりなさい。	어서와요.(어서와라.)
いただきます。	잘 먹겠습니다.
ごちそうさまでした。	잘 먹었습니다.
ありがとうございます。	고맙습니다.
どういたしまして。	천만에요.
すみません。	죄송합니다. 미안합니다. 고맙습니다.
だいじょうぶです。	괜찮습니다.

02

본문

はじ(初)めまして	처음 뵙겠습니다
わたし(私)	저 / 나
~は	~은 / 는
~です	~입니다
どうぞ よろしく	잘 부탁합니다
こちらこそ	저야말로 / 나야말로
ちゅうがくせい(中学生)	중학생

~ですか	~입니까?
はい	네 / 예
こうこうせい(高校生)	고등학생

포인트

せんせい(先生)	선생님
あなた	당신
いいえ	아니요
~では ありません	~이 / 가 아닙니다
しょうぼうし(消防士)	소방사
かいしゃいん(会社員)	회사원
けいさつかん(警察官)	경찰관
しゅふ(主婦)	주부
ぎんこういん(銀行員)	은행원
だいがくせい(大学生)	대학생
かんこくじん(韓国人)	한국인
にほんじん(日本人)	일본인

연습문제

~さん	~씨

얏테미요

ゼロ/れい(零)	제로/영
いち(一)	일
に(二)	이
さん(三)	삼
よん/し(四)	사
ご(五)	오
ろく(六)	육
なな/しち(七)	칠
はち(八)	팔
きゅう/く (九)	구
じゅう(十)	십
でんわばんごう(電話番号)	전화번호

なんばん(何番)ですか　　 몇 번이에요?

본문

どこ	어디
ここ	여기
～が	～이 / 가
がっこう(学校)	학교
きょうしつ(教室)	교실
あそこ	저기
では	그럼
トイレ	화장실
～かい(階)	～층

03

본문

これ	이것
なん(何)ですか	뭐예요?
それ	그것
きもの(着物)	기모노
だれ(誰)	누구
～の	～의, ～의 것
～も	～도

포인트

めがね(眼鏡)	안경
けいたいでんわ(携帯電話)	휴대폰
とけい(時計)	시계
かばん	가방
ほん(本)	책
えんぴつ(鉛筆)	연필
け(消)しゴム	지우개
ノート	공책

포인트

そこ	거기
としょかん(図書館)	도서관
しょくどう(食堂)	식당
なんがい(何階)	몇 층
おんがくしつ(音楽室)	음악실
ばいてん(売店)	매점
いっかい(一階)	1층
にかい(二階)	2층
さんがい(三階)	3층
よんかい(四階)	4층
ごかい(五階)	5층
ろっかい(六階)	6층
ななかい(七階)	7층
はちかい(八階)	8층
きゅうかい(九階)	9층
じゅっかい(十階)	10층

연습문제

え(絵)	그림

얏테미요

にほん(日本)	일본
こっき(国旗)	국기
ちゅうごく (中国)	중국
アメリカ	미국
どれ	어느 것

연습문제

ようごしつ(養護室)	양호실
たいいくかん(体育館)	체육관

어휘정리

얏테미요

いえ(家)	집
しょうぼうしょ(消防署)	소방서
デパート	백화점
けいさつしょ(警察署)	경찰서
えき(駅)	역
こうえん(公園)	공원
びょういん(病院)	병원

듣기

ぎんこう(銀行)	은행

05

본문

いくら	얼마
えん(円)	엔(일본의 통화)
この	이
どこの	어디 것
～を	～을 / 를
くだ(下)さい	주세요
かしこまりました	알겠습니다. (주로 점원이 손님에게 쓰는 말.)

포인트

10(十)	じゅう
20(二十)	にじゅう
30(三十)	さんじゅう
40(四十)	よんじゅう
50(五十)	ごじゅう
60(六十)	ろくじゅう
70(七十)	ななじゅう
80(八十)	はちじゅう
90(九十)	きゅうじゅう
100(百)	ひゃく
200(二百)	にひゃく
300(三百)	さんびゃく
400(四百)	よんひゃく
500(五百)	ごひゃく
600(六百)	ろっぴゃく
700(七百)	ななひゃく
800(八百)	はっぴゃく
900(九百)	きゅうひゃく
1000(千)	せん
2000(二千)	にせん
3000(三千)	さんぜん
4000(四千)	よんせん
5000(五千)	ごせん
6000(六千)	ろくせん
7000(七千)	ななせん
8000(八千)	はっせん
9000(九千)	きゅうせん
スイス	스위스
かんこく(韓国)	한국
フランス	프랑스
くつ(靴)	신발
サングラス	선글라스
ゆびわ(指輪)	반지
ネクタイ	넥타이

연습문제

ぼうし(帽子)	모자

얏테미요

あか(赤)	빨강
きいろ(黄色)	노랑
みどり(緑)	녹색
しろ(白)	하양
あお(青)	파랑

くろ(黒)	검정	なんようび(何曜日)	무슨 요일
ちゃいろ(茶色)	갈색	げつようび(月曜日)	월요일
むらさき(紫)	보라	かようび(火曜日)	화요일
ピンク	분홍	すいようび(水曜日)	수요일
オレンジ	오렌지	もくようび(木曜日)	목요일
~と	~와 / 과	きんようび(金曜日)	금요일
にんぎょう(人形)	인형	どようび(土曜日)	토요일
		にちようび(日曜日)	일요일
		おととい(一昨日)	그저께

06

본문

いつ	언제	きのう(昨日)	어제
~まで	~까지	きょう(今日)	오늘
いま(今)	지금	あした(明日)	내일
なんじ(何時)	몇 시	あさって(明後日)	모레
~じ(時)	~시	~から	~부터(에서)
ビデオ	비디오	ピアノ	피아노
あした(明日)	내일	テスト	시험
		コンサート	콘서트

포인트

いちじ(一時)	1시
にじ(二時)	2시
さんじ(三時)	3시
よじ(四時)	4시
ごじ(五時)	5시
ろくじ(六時)	6시
しちじ(七時)	7시
はちじ(八時)	8시
くじ(九時)	9시
じゅうじ(十時)	10시
じゅういちじ(十一時)	11시
じゅうにじ(十二時)	12시
はん(半)	반
ちょうど	정각
ようび(曜日)	요일

연습문제

えいご(英語)のじゅく(塾)	영어 학원
テコンドー	태권도의 일본식 표기

듣기

ゆうびんきょく(郵便局)	우체국

07

본문

とうきょう(東京)	도쿄(일본의 수도)
あつい(暑い)	덥다
ソウル	서울
こんなに	이렇게
ええ	예/네
ふゆ(冬)	겨울
どうですか	어떻습니까?

| ~より | ~보다 |
| さむい(寒い) | 춥다 |

あかるい(明るい)	밝다
くらい(暗い)	어둡다
おおきい(大きい)	크다
ちいさい(小さい)	작다
ながい(長い)	길다
みじかい(短い)	짧다
おおい(多い)	많다
すくない(少ない)	적다
ひろい(広い)	넓다
せまい(狭い)	좁다
はやい(速い)	빠르다
おそい(遅い)	느리다
あたらしい(新しい)	새롭다
ふるい(古い)	오래되다
ふとい(太い)	굵다
ほそい(細い)	가늘다
いい(良い)	좋다
わるい(悪い)	나쁘다
おもい(重い)	무겁다
かるい(軽い)	가볍다
あつい(厚い)	두껍다
うすい(薄い)	얇다
たかい(高い)	높다
ひくい(低い)	낮다
たかい(高い)	비싸다
やすい(安い)	싸다
うれしい(嬉しい)	기쁘다
かなしい(悲しい)	슬프다
あたたかい(暖かい)	따뜻하다
あつい(暑い)	덥다

| すずしい(涼しい) | 시원하다 |
| さむい(寒い) | 춥다 |

せ(背)	키, 등
ともだち(友達)	친구
かみ(髪)	머리(카락)

め(目)	눈
みみ(耳)	귀
はな(鼻)	코
くち(口)	입
くび(首)	목
うで(腕)	팔
こし(腰)	허리
て(手)	손
あし(脚 / 足)	다리 / 발
あたま(頭)	머리 / 두뇌

08

すきだ(好きだ)	좋아하다
くだもの(果物)	과일
だいすき(大好き)	아주 좋아하다
とくに(特に)	특히
いちご	딸기
やさい(野菜)	야채
きらいだ(嫌いだ)	싫어하다

| かんたんだ(簡単だ) | 간단하다 |
| ふくざつだ(複雑だ) | 복잡하다 |

きれいだ	깨끗하다	すいか	수박
きたない(汚い)	더럽다	トマト	토마토
ひまだ(暇だ)	한가하다	キャベツ	양배추
いそがしい(忙しい)	바쁘다	だいこん(大根)	무
らくだ(楽だ)	편하다	にんじん(人参)	당근
たいへんだ(大変だ)	힘들다	ピーマン	피망
じょうずだ(上手だ)	잘하다	キュウリ	오이
へただ(下手だ)	못하다	ねぎ	파
しずかだ(静かだ)	조용하다	たまねぎ	양파
にぎやかだ(賑やかだ)	붐비다	はくさい	배추
べんりだ(便利だ)	편리하다	じゃがいも	감자
ふべんだ(不便だ)	불편하다	パン	빵
すきだ(好きだ)	좋아하다	ケーキ	케익
きらいだ(嫌いだ)	싫어하다	ごはん(ご飯)	공기밥
エレベーター	엘리베이터	うどん	우동
かいだん(階段)	계단	なす	가지
		チーズ	치즈

연습문제

ぎゅうにゅう(牛乳)	우유	
コーラ	콜라	
うた(歌)	노래	
えいご(英語)	영어	
ちゅうごくご(中国語)	중국어	

09

본문

ある	있다
ハム	햄
れいぞうこ(冷蔵庫)	냉장고
なか(中)	안
～に	～에
パン	빵
レンジ	전자레인지
うえ(上)	위
おさら(お皿)	접시
あれ?	어?
いる	있다

얏테미요

バナナ	바나나
パイナップル	파인애플
りんご	사과
みかん	귤
なし(梨)	배
かき(柿)	감
いちご	딸기
もも(桃)	복숭아
ぶどう	포도

포인트

ひだり(左)	왼쪽

みぎ(右)	오른쪽	おばあさん(お祖母さん)	할머니
うしろ(後)	뒤	おとうさん(お父さん)	아버지
まえ(前)	앞	おかあさん(お母さん)	어머니
なか(中)	안	おねえさん(お姉さん)	누나 / 언니
そと(外)	밖, 바깥	おにいさん(お兄さん)	형 / 오빠
うえ(上)	위	いもうと(妹)	여동생
した(下)	아래	おとうと(弟)	남동생
よこ(横)	옆	そふ(祖父)	할아버지
となり(隣)	옆	そぼ(祖母)	할머니
そば(側)	옆 / 곁	ちち(父)	아버지
ボール	공	はは(母)	어머니
いす(椅子)	의자	あね(姉)	누나 / 언니
ねずみ	쥐	あに(兄)	형 / 오빠
はこ(箱)	상자		
へび(蛇)	뱀	**듣기**	
リボン	리본	まど(窓)	창문
くま(熊)	곰	スタンド	전기 스탠드
やぎ(山羊)	산양	つくえ(机)	책상
とら(虎)	호랑이	ひきだし(引き出し)	서랍
うさぎ(兎)	토끼	ざぶとん(座布団)	방석
さる(猿)	원숭이	ねこ(猫)	고양이

연습문제

ちゅうしゃじょう(駐車場) 주차장

얏테미요

しんしつ(寝室)	침실
おふろば(お風呂場)	욕실
いま(居間)	거실
だいどころ(台所)	부엌
へや(部屋)	방
しゃこ(車庫)	차고
おくじょう(屋上)	옥상
おじいさん(お祖父さん)	할아버지

10

본문

～に	～에(시간)
～へ	～에(방향)
ひるごはん(昼ご飯)	점심식사
じゅく(塾)	학원
～に	～에(도착점)
～ごろ(頃)	～쯤, ～경
ゆうごはん(夕ご飯)	저녁식사
シャワー	샤워
シャワーを あびる	샤워를 하다
テレビ	텔레비전

~からは	~부터는
たいてい(大抵)	대개
そして	그리고

포인트

かお(顔)を あら(洗)う	세수를 하다
べんきょう(勉強)する	공부하다
あさ(朝)	아침
ひる(昼)	낮
ゆうがた(夕方)	저녁
よる(夜)	밤
あさごはん(朝ご飯)	아침식사
まいにち(毎日)	매일
よく	자주
ときどき(時々)	때때로
たまに	가끔
ほとんど	거의

심화학습

かう(買う)	사다
よむ(読む)	읽다
のる(乗る)	타다
いく(行く)	가다
かえる(帰る)	돌아가다
みる(見る)	보다
おきる(起きる)	일어나다
たべる(食べる)	먹다
くる(来る)	오다
する	하다
べんきょう(勉強)する	공부하다

연습문제

こいびと(恋人)	애인
うんどう(運動)する	운동하다

コーヒー	커피
かんしょく(間食)	간식
うんてん(運転)する	운전하다
にっき(日記)	일기
ゆめ(夢)	꿈
よく	자주
せんたく(洗濯)	빨래
じぶん(自分)で	본인이(직접)
きょうかい(教会)	교회
かいもの(買物)	쇼핑
~まえ(前)に	~전에

얏테미요

あまり	별로, 그다지
ぜんぜん(全然)	전혀
ハンバーガー	햄버거
ちかてつ(地下鉄)	지하철
しんぶん(新聞)	신문
インターネット	인터넷
てがみ(手紙)	편지
えいが(映画)	영화
ほんや(本屋)	서점

듣기

ふく(服)	옷

11

본문

~たい	~고 싶다
てんぷら(天ぷら)	튀김
おすし(お壽司)	초밥
ごちゅうもん(ご注文)	주문 (「ご」는 정중하게 하는 말.)
おま(待)たせしました	주문하신 것 나왔습니다

おいしそう!　　　　맛있겠다!

포인트

かいもの(買物)する	쇼핑하다
りょこう(旅行)する	여행하다
えいが(映画)をみる	영화를 보다
ゲームCD	게임CD
まんが(漫画)	만화
ラーメン	라면
おこのみやき(お好み焼き)	오코노미야키
とうきょう(東京)タワー	도쿄타워
おんせん(温泉)	온천
じんじゃ(神社)	신사
かぶき(歌舞伎)	가부키
アニメ	애니메이션
ふじさん(富士山)	후지산
きる(着る)	입다

연습문제

たこやき(たこ焼き)	타코야키
えんげき(演劇)	연극
とんかつ	돈까스
しょうせつ(小説)	소설
そうじ(掃除)	청소

얏테미요

ざるそば	메밀국수
やきそば(焼きそば)	야키소바
さしみ(刺身)	회
しゃぶしゃぶ	샤브샤브
おせちりょうり(御節料理)	오세치요리 (일본의 설음식)
なっとう(納豆)	낫또(콩을 발효시킨 일본의 음식)

うめぼし(梅干し)	매실장아찌
おすすめりょうり	추천요리

듣기

ぶんぐや(文具屋)	문구점

12

본문

ほんとうに(本当に)	정말
おせわ(世話)になりました	신세 많이 졌습니다
また	또
こんど(今度)	다음에
ぜひ(是非)	꼭
きを つけて(気を付けて)	조심하세요

포인트

でんしゃ(電車)	전철
じゅうしょ(住所)	주소
せき(席)	자리
しずかに(静かに)	조용히
かならず(必ず)	꼭
でんわ(電話)	전화

연습문제

シンチョン(新村)	신촌
ホテル	호텔
コーヒーショップ	커피숍

얏테미요

あるく(歩く)	걷다
はしる(走る)	뛰다
すわる(座る)	앉다
たつ(立つ)	서다
おどる(踊る)	춤추다

うた(歌)を うた(歌)う	노래를 부르다
て(手)を たたく	손뼉을 치다
わらう(笑う)	웃다
なく(泣く)	울다

쏙쏙 주니어 일본어

개정3판2쇄	2023년 8월 25일
저자	기획편집부
삽화	김세라
발행인	이기선
발행처	제이플러스
주소	121-826 서울시 마포구 월드컵로 31길 62
영업부	02-332-8320
편집부	02-3142-2520
등록번호	제 10-1680호
등록일자	1998년 12월 9일
홈페이지	www.jplus114.com
ISBN	979-11-5601-201-6

©JPLUS 2008, 2021, 2022

け

こ

さ

し

す

せ

そ

た

こま

けしごむ

しか

さかな

せみ

すいか

たまご

そうじ

ち

つ

て

と

な

に

ぬ

ね

つくえ

ちきゅう

とり

て

にほん

なし

ねこ

いぬ

New 쑥쑥 주니어 일본어 25

の

New 쑥쑥 주니어 일본어 26

は

New 쑥쑥 주니어 일본어 27

ひ

New 쑥쑥 주니어 일본어 28

ふ

New 쑥쑥 주니어 일본어 29

へ

New 쑥쑥 주니어 일본어 30

ほ

New 쑥쑥 주니어 일본어 31

ま

New 쑥쑥 주니어 일본어 32

み

はな

のこぎり

ふゆ

ひ

ほし

へそ

みそ

まつり

む

め

も

や

ゆ

よ

ら

り

まめ

むし

やさい

もみじ

よる

ゆき

りんご

さくら

る

れ

ろ

わ

を

ん

New 쑥쑥
주니어 일본어
글자카드

열심히 공부하세요!
がんばって ください。

れっしゃ

さる

わたし

ろうそく

みかん

~을/를에 해당하는 말